이 책을 함께 만든 독자에디터들의 소감

독자에디터는 본 책의 초안을 검토하고, 편집 아이디어를 제공하고, 오탈자를 확인하는 등 독자의 눈높이에 맞는 책을 만들 수 있도록 많은 도움을 주셨습니다. 바쁜 시간을 쪼개어 참여해주신 독자에디터 9기 여러분께 깊은 감사를 드립니다.

고등학생 아들에게 꼭 읽히고 싶네요. 학창 시절부터 다이어리에 기록을 하고, 계획을 세우고, 실천하는 경험을 통해 성장할 수 있는 기회가 될 것 같아요. 무조건 다이어리를 쓰고 싶은 마음이 생기네요. 계획만 하고 중도에 포기하시는 분들은 꼭 읽어보길 추천해요.

●글벗맘 님

자신의 인생을 보다 주도적으로 살고 싶다면 꼭 봐야 할 책이 아닐까 생각합니다. 새 다이어리를 사놓고 끝까지 쓰지 못한 채 책장에 쌓아놓기만 했다면, 이 책을 꼭 보세요. 수동적인 삶이 아닌, 스스로 선택하는 삶으로 나아갈 수 있을 거예요.

●꿈부자 님

다이어리를 쓰며 5년, 1년, 한 달 목표를 설정하고 계획하고 시간을 쪼개어 하루를 실행하며 기록하는 삶을 산다면 나도 매년 적어도 하나의 목표는 이루며 살아갈 수 있을 거라는 자신감이 듭니다. 1년에 하나씩, 10년이면 열 가지의 꿈을 하나하나 이뤄낼 미래를 생각하며 다이어리를 쓰는 저를 발견합니다. 여러분도 『딱 1년만 계획적으로 살아보기』로 계획하고, 쪼개고, 실행하는 삶을 함께 하는 것은 어떨까요?

●꿈빛나 님

'無계획도 계획이다'라는 말에 공감하는 나는 매사를 계획적으로 잘하지 못한다. 매년 새해가 오면 목표를 세우지만, 언제나 용두사미가 되곤 했다. 목표를 달성하려면 이렇게 해야 한다는 것을 저자의 다양한 경험을 통해 알려주는 책. 이 책을 읽는다면 누구나 자기도 모르게 펜과 다이어리를 손에 잡게 될 것이다.

●나온 님

책을 읽다가 혼자 소리쳤다. "뭐야! 재미있잖아?" 고등학생이라는 비교적 어린 나이부터 다이어리에 계획을 세우고 목표를 설정하면서 이룬 결과가 지금의 그녀를 만들었다. 저자가 남들을 의식해서 서두르거나 욕심내지 않고 스스로의 목표를 이룬 노하우를 아낌없이 공유하는 이 책은 2021년의 봄날과 같은 선물이다.

●라니 님

매년 다이어리를 사고, 비슷한 계획을 세운 뒤 연말이 되면 왜 지켜지지 않았는지 의미 없는 반성을 하지만, 이듬해 또 같은 일을 반복했다. 그에 대한 정확한 진단을 『딱 1년만 계획적으로 살아보기』를 통해 파악할 수 있었다. 아직 연초인 지금, 이 책을 읽고 방향성 없이 나열된 새해 계획을 재점검하는 계기로 삼으면 어떨까?

●라떼비버 님

이 책을 통해 다이어리를 쓰면서 내 인생을 기록하고 디자인할 수 있다는 것을 알게 되었습니다. 당신에게 크고 작은 변화를 가져다 줄 기록의 힘! 이 책과 함께 우리의 기록이 늘 반짝이길!

●라라랜드 님

급변하는 세상에서 급류에 휩쓸리지 않도록 '나 자신'을 바로 세우는 방법을 알려주는 책. 이 책은 무언가 하지 않으면 도태될까 겁내는 우리의 불안함을 잠재워주는 치료제 같은 책입니다. 지금의 내가 먼 훗날의 나에게 부끄럽지 않도록 다이어리를 펼칠 수 있게 해 주신 저자님과 잇콘에 감사합니다.

●맘스서재 님

저자의 진솔한 인생 역전의 힘은 다이어리를 통한 기록의 힘이라는 생각을 하게 된다. 저자는 기록을 통해 자신이 이루어낸 일들을 우리도 할 수 있다고 격려한다. 책을 통해 계획적으로 기록하는 것의 중요성을 알게 되었고, 기록과 실천을 나의 꿈에 대입해서 실행해 볼 수 있는 계기가 되었다

●빛나는부엉이 님

다이어리 쓰기는 매년 다짐하는 목표지만 언제나 흐지부지되곤 했는데 책을 읽으면서 내가 실천할 수 있는 목표를 세워서 하나씩 해보자 하는 자신감이 생겼습니다. 내 인생을 온전히 나만의 것으로 만들기 위한 첫 단계, 다어어리 작성…. 수치화된 단계별 계획의 중요성을 다시 한번 생각해 볼 수 있는 고마운 책입니다.

●선한솜소미 님

이 책을 통해 매일 기록을 함으로써 하루하루 작은 성취를 경험할 수 있고, 나아가 스스로 선택하고 주도하는 삶을 살 수 있다는 것을 알게 되었습니다. 특히 저자가 작가가 되는 과정을 솔직 담백하게 쓴 부분이 인상적이었습니다. 계획 세우기, 다이어리 쓰기, 실천하기의 선순환을 경험하면서 내가 디자인하는 인생을 살아보고 싶은 분들께 추천합니다.

●선한오드리 님

늘 새해가 되면 꼼꼼이 계획을 세우지만, 초심을 잃기까지는 오래 걸리지 않는다. 계획을 꾸준히 실천하는 것은 왜 어려울까? 나는 이 질문에 대한 답을 이 책에서 찾았다. 해마다 같은 목표를 세우는 분들에게 이 책을 추천한다.

●세렌디피티 님

'현재는 과거 선택했던 수많은 선택의 결과'라는 말이 있는데요. 현재를 살면서도 과거에 매여 살 때가 많습니다. '그때 이걸 했더라면…' 하면서 말이죠. 하지만 새로운 일을 시작하는 데 있어 오늘만큼 좋은 날이 또 어디 있을까요? 이 책으로 우리도 인공위성을 한 대씩 쏘아 올려 보자고요!

●알라코코 님

열심히 산다고 살았는데 돌이켜보면 뭘 했는지가 보이지가 않았어요. 이 책을 읽으니 나에게는 계획과 기록이 없었음을 깨달았고, 신기하게도 책을 덮는 순간 나도 모르게 내 손은 내가 해야 할 일들을 적고 있었습니다. 효과적인 삶을 살기 원하시는 분들에게 이 책을 추천합니다.

●연구원룸스 님

최근 몇 년간 내가 한 일이 아무것도 없는 것 같아 우울감이 들 때, 나 빼곤 모두 잘살고 있는 것 같아 조급함을 느낄 때, 결국 나를 토닥이고 위로할 수 있는 건 본인뿐입니다. 그럴 때 지난날의 내가 걸어온 발자취를 남겨놨다면 큰 위로가 되고 다시 일어나서 걸어갈 수 있을 겁니다. 이 책을 읽고 꼭 실행해보세요. 작은 계획과 실천이 자신감이 되어 돌아올 것입니다.

●열정나야 님

다이어리를 쓰는 것만으로도 계획적이 되고, 실천하게 되고, 행복함을 느끼는 삶을 살 수 있음을 보여주는 책이에요. 저도 현재 플래너를 쓰며 인생을 계획하는 삶에 도전하고 있어요. 그렇게 하면 나중에 어떤 미래가 그려질까 상상만 해왔는데, 제가 원하는 삶이 이 책에 딱 나와 있는 것 같아요. 에디터로서 이 책을 읽게 되어 정말 감사합니다.

●윤쏘쏘 님

이 책은 인생의 목표를 장기, 중기 및 단기로 구분하고, 각 목표를 달성하기 위한 작은 계획들을 세우며, 실제로 성취함으로써 지금보다 나은 삶을 살 수 있도록 도와주는 삶의 지혜에 대한 책이다. 정해진 계획대로 실천한 저자의 책을 보니, 나만의 책을 쓰고 싶다는 소망이 생겼다. 누구나 성공적인 삶을 살아갈 수 있다는 메시지를 주는, 확실한 동기부여가 되는 책이다.

●인온파파 님

다이어리 쓰기를 통해 날마다 작은 자신감을 충전하고, 자신의 시간을 스스로 통제하는 저자의 방향성 있는 삶에 박수를 보내고 싶습니다. 이 책을 읽으면서 진정한 성공과 행복에 대해서도 다시 생각해 볼 수 있었습니다. 내 삶의 목표를 제대로 세우고 잘 성취하는 노하우가 궁금한 분들께 적극 추천합니다.

●케일리 님

솔직하고 현실적인 책, 바로 적용이 가능한 책. 뜬구름처럼 막연히 '부자가 되어야지', '경제적 자유를 얻어야지' 생각한 제가 부끄러워지긴 했지만 이 책을 통해서 방향성을 잡고 구체화 시킬 수 있었습니다. 딱 1년, 아니 딱 한 달이라도 책에서 소개한 것처럼 계획적으로 살아보면 원하는 삶에 조금씩 가까워질 거예요. 여러분도 도전해 보세요.

●행복온천 님

위트가 있으면서도 뼈 때리는 내용으로 가득한 책. 목표달성을 위한 방법을 배울 수 있을 뿐 아니라 저자님의 경험담을 통해 저의 삶을 반성하고 인생에 대한 깨달음도 얻을 수 있었습니다.

●희망 님

딱 1년만
계획적으로
살아보기

딱 1년만 계획적으로
살아보기

초판 1쇄 발행　2021년 3월 10일
초판 6쇄 발행　2023년 2월 10일

지 은 이　　임다혜
그 린 이　　김규아

발 행 처　　잇콘
발 행 인　　록산
마 케 팅　　프랭크, 릴리제이, 감성 홍피디, 예디
경영지원　　유정은
출판등록　　2019년 2월 7일 제25100-2019-000022호
주　　소　　경기도 용인시 기흥구 동백중앙로 191
팩　　스　　02-6919-1886
디 자 인　　여만엽디자인

ⓒ 임다혜, 2021

ISBN　979-11-90916-28-8　13320
값　　15,000원

● 이 책은 저작권법으로 보호받는 저작물로 무단전재 및 무단복제를 금합니다.
● 이 책의 전부 혹은 일부를 인용하려면 저작권자와 출판사의 동의를 받아야 합니다.
● 잘못된 책은 구입처에서 바꿔드립니다.
● 문의는 카카오채널 '잇콘'으로 부탁드립니다.(카카오톡에서 '잇콘' 검색, 평일 오전 10시 ~ 오후 5시)

딱 1년만
계획적으로
살아보기

임다혜 지음

1년에
하나씩은
꼭 이뤄내는
소소하지만
가장 확실한
방법

머리말

앵매도리

앵매도리(櫻梅桃梨)라는 말을 좋아한다. 앵두꽃은 앵두꽃대로, 매화는 매화대로, 복숭아꽃은 복숭아꽃대로, 배꽃은 배꽃대로 피어난다는 뜻이다. 각자의 방식대로 각자의 아름다움을 피우는 것일 뿐 서로 비교하거나 우열을 매길 수 없다는 이야기가 사람의 인생 같다는 생각이 든다.

하지만 꽃은 그냥 피지 않는다. 남이 피운 꽃은 쉽고 흔해 보이지만, 자세히 보면 각자의 자리에서 나름의 애를 쓰고 있다. 내게 주어진 시간과 에너지를 어디에 어떻게 조금씩 채워가느냐에 따라 나만의 꽃은 달라질 것이다.

똑같이 벽돌 하나를 쌓더라도 먹고살기 위해 어쩔 수 없이 하는 일로 여기느냐, 멋진 성을 만드는 보람된 과정으로 여기느냐에 따라 다른 것처럼 모든 게 내 마음에 달려 있음을 알 수 있다. 결국은 내 마음껏 살아야 한다. 하지만 요즘 같은 세상에서 내 마음이 어떤지 명확히 아는 사람은 드물다.

기록을 통해 내 마음을 파악하고, 계획을 통해 나만의 희망을 이야기해보면 어떨까. 그런 가벼운 이야기를 나누고 싶어 이 책을 썼다. 페이지를 넘길 때마다 옆집 친구와 마음 터놓고 수다 떠는 기분이기를 희망한다.

임다혜 드림

차례

머리말	앵매도리	4

나는
오늘도
다이어리를
쓴다

쓰고도 달았던 내 첫 번째 다이어리	12
작은 자신감으로 하루를 마무리한다는 것	20
기록은 나를 더 나아지게 한다	26
일단 아무거나 적어보자	34
실전 '애자일 기법'과 피드백의 중요성	38
행복에도 기준이 필요하다	41
실전 '톱-다운 방식'으로 목표 관리하기	47
나는 내 삶을 잘 '컨트롤'하고 있을까	53
기부하거나 다이어리를 쓰거나	62
안 맞는 사람을 억지로 곁에 둘 필요가 있을까	66
실전 행복의 기준을 구체화하기	74

경제적 목표 달성에 다이어리를 활용하는 방법

환경 탓을 하지 않고 살아가기 위해	80
조급했던 20대의 재테크 흑역사	87
지난 기록에서 재테크의 방향을 찾다	94
서른 살, 다시 목표 설정부터 시작	102
실전 목표를 설정할 때 반드시 고려할 세 가지	113
목표를 쪼개면 달성이 쉬워진다	118
실전 5년 단위 및 1년 단위로 목표 쪼개기	124
다이어리와 가계부를 연동하기	128
돈은 목표를 위해 쓰자	137
실전 1년에 하나씩만 이뤄도 충분하다	140
신중히 지켜보되, 기회가 오면 놓치지 말자	143
800만 원으로 시작한 첫 부동산 투자	148
지속가능한 나만의 루틴을 만들어야 한다	153
실전 목표 달성에 자주 실패하는 사람들의 두 가지 착각	159
경제적 목표 초과 달성, 그 이후	166

프로젝트
수행에
다이어리를
활용하는
방법

인생목표 중 하나, 책 쓰기에 도전하다	174
기록 뒤지기 : 나는 무엇을 잘하는 사람인가	178
준비 : 블로그를 이용해 꾸준히 글쓰기	185
실전 예비작가들에게 블로그를 추천하는 이유	190
목표 수정 : 막연한 글쓰기에서 전략적 책 쓰기로	194
실전 월 단위 및 하루 단위로 목표 쪼개기	200
실천 : 어떻게 나만의 시간을 만들 것인가	205
유지 : 시간 관리 못지않게 중요한 멘탈 관리	208
실전 배수진을 치기보다 플랜B를 세우자	216
성과 : 결과가 아니라 태도가 인생을 바꾼다	220
실전 출판사에 투고하려면	227
내가 선택한 삶을 살아간다는 것	229

맺음말	10년 전의 나와 지금의 나	233
편집자의 말		239

1

나는 오늘도 다이어리를 쓴다

쓰고도 달았던
내 첫 번째 다이어리

처음 다이어리를 사기 시작했던 때는 중학교에 입학하면서였다. 그때는 「인어공주를 위하여」, 「빅토리 비키」, 「세일러문」 등의 만화에 푹 빠져 있었기 때문에 용돈을 모아 캐릭터가 그려진 물품을 하나씩 사들였는데 그중에 다이어리가 있었다.

그냥 다이어리만 사는 게 아니라 다이어리를 꾸미겠다고 속지를 만들어 갈아 끼우곤 했는데, 이는 당시 하드보드지로 필통을 만들어 연예인 사진을 붙이는 유행과 함께 시간 낭비의 양대 산맥이었다. 물론 나는 두 가지 다 했다. '덕후'는 한

가지만 하는 법이 없다.

 갖고 노는 줄만 알았던 다이어리가 효과를 발휘한 것은 고등학생 때였다. 중학생 때 사놓은 다이어리가 있으니 일단 뭐라도 써보자 싶어 계획을 적어보는 습관이 생겼던 것이다. 당시 우리 집은 공부하기에 썩 좋은 환경은 아니었다. IMF 사태로 아버지의 사업이 몇 차례 부도가 나면서 가세가 기울어 있었다. 쥐가 돌아다니는 반지하 월세방에서 나는, 가끔 굶고 자주 서러웠다. 교생 선생님 선물로 몇 천 원씩 내자는 반장에게 돈을 못 냈다가 왕따를 당하기도 했고, 딱 한 벌 겨우 마련한 교복은 빨래를 하면 마를 동안 입을 여분이 없어서 축축한 채로 등교해야 했다. 빚쟁이를 피해 옥상에 숨어 있다가 집에 들어가기도 했고 전기가 끊겨 촛불을 켜고 지내던 날도 있었다.

 물론 공부를 안 하는 선택지도 있었다. 하지만 부모님은 어릴 때부터 "공부해서 엄마 줄 것도 아니고, 네 인생을 위한 공부니 알아서 하고 싶은 만큼만 하라"고 말했다. 실제로 부모님은 내 성적이 오르거나 떨어지는 데에 상당히 '쿨'한 분들이었다. 그러다 보니 나중에 나를 책임져줄 사람은 나밖에 없으니 공부를 안 하면 큰일 나겠다는 생각이 머릿속에 박혔다.

 게다가 나는 어린이 명작동화 『소공녀』와 『키다리 아저씨』를 좋아하던 소녀였다. 이 소녀는 만화 『베르사이유의 장미』, 『빨강머리 앤』을 거쳐 『적과 흑』, 『제인 에어』, 『폭풍의 언덕』에 과몰입하는 청소년이 되었다. 다행인지 불행인지 이 덕후 청소년은 현실이 어떻든 공부를 할 때면 라틴어를 배우는 귀족 아가씨에 빙의되어 지적인 주인공이 되는 상상에 빠지곤 했다. 그러니까 기왕이면 공부를 잘하고 싶었다.

 문제는 야간 자율학습 시간에 몰래 학교 담을 타고 나가 전단지 아르바이트를 해야 했다는 것이다. 세 시간 정도 피자집 전단지를 집집마다 붙이면 2,000원에서 3,000원을 받는데 그게 나와 동생들의 준비물 값이 되었다. 학원이나 독서실을 다닐 형편은 당연히 안 되는데 아르바이트로 인해 공부할 시간마저 부족했다. 게다가 나는 만화책을 보고 만화를 그리는 시간을 절대 양보할 수 없었다. 이렇게 쓸데없이 바빴으니, 공부를 하려면 얼마 안 되는 시간과 자원을 효율적으로 써야 했다. 그때부터 다이어리가 큰 힘이 되었다.

학창 시절 공부 습관을
잡아준 다이어리

나는 교사용 문제집을 받아 썼는데, 수업 참고자료로 출판사가 제공하는 문제집 중에 남는 것들을 선생님들이 챙겨주셔서 꽤 쏠쏠하게 활용했다. 내가 다이어리를 공부에 활용한 방법은 이랬다.

문제집이 생기면 먼저 목차를 펼친다. 보통 한 권이 400~600페이지 정도이고, 한 꼭지는 4~6쪽 분량이다. 하루에 한 꼭지 내용만 이해할 수 있다면 100일이면 한 권이 끝난다. 예나 지금이나 싫어하던 영어는 최대한 그림이 예쁜 독해집을 정해 하루에 한두 페이지만 풀기로 했다.

이제 다이어리를 보며 하루에 공부할 수 있는 시간이 몇 시간 정도 되는지 파악한다. 학생이라 어차피 학교와 아르바이트 외에 다른 일정은 없고 일과가 일정하기 때문에 파악이 쉬웠다. 수업 외에 공부할 수 있는 시간은 하루에 두세 시간 정도였는데, 한 시간씩 쪼개 그 시간에는 어느 과목의 뭘 할지를 적어놓았다. 문제집 목차에 적혀 있는 꼭지 제목 옆에 날짜

차 례

1. 함수의 극한
- § 1. 함수의 극한 — 3/2 — 7
- § 2. 미정계수의 결정 — 3/3 — 19
- 연습문제 1 — 3/4 — 23

2. 연속함수
- § 1. 연속함수 — 3/5 — 25
- § 2. 최대·최소의 정리와 중간값의 정리 — 3/6 — 34
- 연습문제 2 — 3/9 — 37

3. 변화율과 도함수
- § 1. 함수의 변화율 — 3/10 — 39
- § 2. 미분법의 공식 — 3/11 — 52
- 연습문제 3 — 3/12 — 60

4. 곡선의 접선과 미분
- § 1. 미분계수의 기하학적인 의미 — 3/13 — 62
- § 2. 접선의 방정식 — 3/16 — 65
- 연습문제 4 — 3/17 — 73

를 적어놓고, 반대로 다이어리 해당 날짜에는 그 꼭지 제목을 적어놓는다.

　야간 자율학습은 공부 시간 50분에 쉬는 시간 10분으로 구성되어 있었다. 나는 보통 네 페이지를 푸는 데 30분 정도 걸렸는데, 남은 20분 동안 다른 공부를 하기보다는 여유 있게

50분을 모두 한 과목에 할애했다. 그 시간에 할당한 문제집 풀이가 끝나면 20분은 쉬거나 만화를 그렸다. 대신 그 시간에는 그날 배운 내용을 반드시 머릿속에 넣는 것이 목표였다. 틀렸거나 헷갈렸던 문제는 표시해놓고, 나중에 틀린 문제 위주로 문제집을 다시 본다. 그러면 속도가 더 빨랐다.

한 교시가 끝나면 다이어리에 빨간 줄을 팍 그어 끝냈음을 표시했는데 이 순간이 은근히 짜릿했다. 덕분에 빡빡하다는 느낌이 없어 오랫동안 지속 가능했다. 한 달에서 100일 단

☑ 4월 2일

7:30~8:20 - 국어 모의고사 2회 수업
8:20~5:00 - 수업
5:00~5:50 - 수학 10~13쪽
5:50~6:30 - 저녁밥
6:30~8:30 - 전단지 알바
8:30~9:00 - 영어 2쪽

위로 이렇게 계획을 짜놓으면 하루하루 신경 쓸 것 없이 다이어리를 펼쳐서 시간표대로 생활하면 되었다.

이렇게 계획대로 꾸준히 실행한 덕분인지, 다행히 성적도 그럭저럭 나왔다. 덕분에 전교 상위 몇 십 명 중 하나로 선발되어 중학교를 돌며 학교 홍보를 나가는 무리에서 활동하기도 했다. 이 과정을 거치며 다이어리를 쓰면 세 가지 장점이 있다는 것을 깨달았다.

나 자신에 대한
믿음이 생기다

첫 번째는 불안함이 없어진다는 점이다. 가끔 나 자신에 대해 의심이 들 때가 있다. 수험생이 이 정도만 공부해도 되는 걸까? 드라마를 보면 공부하다가 코피를 쏟던데 내가 열심히 안 한 것인가, 아니면 내 코가 튼튼한 것인가? 그런 생각이 들어도 무리해서 밤을 샌 날은 없다. 그렇다고 공부를 안 한 날도 없다. 하루하루 부담 없이 지냈다. 하루에 정해진 분량을 꾸준히 해나가면 100일 뒤에는 반드시 한 권이 끝난다는 것을 알고 있기 때문이다.

두 번째는 나 자신에 대해 잘 알게 된다는 점이다. 중학생 때는 다이어리에 계획을 세울 정도까지는 못 되었고 그냥 하루 일상을 쭈욱 적는 게 고작이었는데, 적다 보니 내가 책을 이것저것 보긴 하지만 금방 접는 지구력 없는 스타일이라는 것을 깨달았다. 다이어리를 통해 자연스럽게 나를 관찰하고, 내 성향을 알게 된 뒤로는 공부 방식을 바꿨다. 적은 분량을 빠르게 끝내고 다른 과목으로 계속 넘어가는 방법을 쓴 것이다. 그걸 일찍 알았으니 망정이지, 안 그랬으면 온종일 책상에 앉아서 노력하는데 왜 성적은 안 나오나 고민하지 않았을까.

세 번째는 일상이 주도적으로 바뀐다는 점이다. 수업만 들어서는 혼자서 문제를 풀지 못하는 경우가 생긴다. 이럴 때는 어려운 부분은 포기하더라도 혼자서 기초를 풀어보는 게 훨씬 도움이 됐다. 그렇게 나에게 맞는 방식을 찾고, 스스로 계획을 세워보고, 진도를 체크하면서 이게 '내 일, 내 공부, 내 인생'이라는 자각이 생겼다. '성적은 내가 한 만큼만 나오는구나'라는 경험을 하니 뭔가 잘 안 풀려도 다른 사람을 탓하지 않게 되었다.

작은 자신감으로
하루를 마무리한다는 것

학창 시절 했던 전단지 아르바이트는 피자집 사장이 지도로 구역을 정해주면 가서 돌리고 오는 일이었다. 주로 아파트 단지를 돌며 집집마다 현관에 테이프로 전단지를 붙인다. 야간 자율학습 시간에 빠져나와 전단지를 돌린 뒤 돈을 받아 학교로 돌아가면 되었다.

전단지 아르바이트는 생각보다 쉬운 일이 아니었다. 한번은 학교 담을 넘다가 교복 치마가 찢어졌다. 어쩔 수 없이 기워서 졸업 때까지 입었다. 여름에는 더워서 뛰질 못하고 목이 말라 힘들었지만 사실은 겨울이 더 문제였다. 장갑을 끼면

테이프를 붙이기가 어려워서 맨손으로 돌려야 했는데, 추위를 잘 타는 내 손가락은 주황색이 되거나 까맣게 변하기 일쑤였다. 어느 날은 붙였던 전단지가 바람 때문에 1층으로 떨어져 경비아저씨에게 걸리는 바람에 기껏 붙여놓은 전단지를 도로 다 떼어야 했다.

그날도 경비아저씨의 눈을 피해 동네에서 제일 좋은 아파트에 들어가 전단지 아르바이트를 하고 있었다. 저녁 시간이라 전단지를 붙이는 현관문 틈으로 밥 짓는 냄새가 새어 나왔다. 그 냄새를 애써 외면하고 아르바이트를 마친 뒤 빠져나와 횡단보도에 서 있는데 저 앞에 떡볶이 포장마차가 보였다.

'아… 떡볶이 한입에 어묵 국물로 몸 좀 녹이면 소원이 없겠다…. 하지만 저걸 사 먹으면 오늘 고생해서 번 돈이 한순간에 사라지는데…. 어쩌지? 사 먹어? 참아?'

이런 고민을 하느라 발길을 떼지 못하고 있었다. 그런데 횡단보도 맞은편에 과학 선생님이 보였다. 교복을 입은 나는 자율학습을 땡땡이 친 게 걸릴까 봐 황급히 다른 길로 도망쳤다. 끝내 떡볶이를 사 먹지 못하고 뛰면서 헛웃음이 났다. '이런 순간도 훗날 추억이 되겠지'라고 생각했는데, 정말 시간이 지나도 그날은 잊히지 않는다.

어떤 날은 너무 힘이 들어서 아파트 놀이터 모래 속에 전단지를 묻어놓고 시간을 때우다 들어가야겠다고 생각했다. 그런데 막상 갈 데가 없었다. 결국 집에 잠깐 들어갔는데, 예상치 못한 시간에 집에 온 것을 의아해하는 엄마에게 자초지종을 설명할 수밖에 없었다. 엄마는 크게 화를 내며 나를 다시 쫓아냈다. 그렇게 거짓말로 남의 돈 받는 거 아니라며.

모래 속에서 전단지를 도로 파내어 현관문에 붙이면서 엄마를 얼마나 원망했는지 모른다. 하지만 나도 아이를 낳은 지금 돌이켜보니 어린 딸을 도로 쫓아낸 엄마의 마음은 오죽했을까 싶다. 그때도 부모님은 막노동은 물론이고 길에 다니며 무료정보지를 꽂는 일, 새벽 우유배달 등 가리지 않고 일을 했다.

어려운 상황은 고등학교 졸업할 때까지도 계속됐다. 수능은 봤는데 건당 3만 원씩 하는 원서비가 없어 아무 대학에도 지원하지 못하고 있었다. 어느 날 담임선생님이 교무실로 불러 반에서 5등 안에 든 애들 중에 원서 안 넣고 있는 애는 나밖에 없다고 말씀하셨다. 그러면서 홍보용 원서 하나가 무료로 들어왔으니 가져가서 넣어보라고 하셨다. 그날 제출했던 곳에 바로 특차합격해서 무사히 입학할 수 있었다. 오랫동안 선생님의 말을 철석같이 믿었는데 지금 생각해보면 그게 정말 무료원서였을까 싶다.

그해에는 '물수능'이라 성적이 다들 좋아서 장학금은 못 받았고, 첫 등록금을 마련하기 위해 부모님은 무던히도 애를 썼다. 대학 때는 편의점부터 시작해서 안 해본 아르바이트가 거의 없었다. 어쨌든 불가능할 줄 알았던 대학 졸업에 성공했고, 취직을 했고, 결혼하여 엄마가 되었고, 이렇게 살아가고 있다.

"넌 할 수 있는 사람이야"

지금 나는 그토록 소원하던 '평범한 인생'을 쟁취해냈다. 인천의 반지하 빌라에서 혼자 만화책을 보던 소녀는 서울에 내 집 마련을 하고, 저녁이면 가족이 모여 삼겹살을 구워 먹고, 책을 써서 받은 인세로 주말마다 뮤지컬을 보러 다니고 있다. '평범'이라는 것이 누군가에게는 무료하고 싫은 것일지 모르겠다. 하지만 나의 과거를 떠올리면 지금의 인생이 얼마나 좋은지 모른다.

이런 경험에서 얻은 가장 큰 소득은, 지금 눈에 보이는 모습이 그 사람의 전부는 아님을 알게 되었다는 것이다. 사람에겐 얼마나 많은 가능성이 열려 있는가. 새벽 다섯 시에 트럭 옆 길거리에서 설거지 아르바이트를 하던 여자애가 책을 쓰는 작가가 되어 컴퓨터 앞에 앉아 있다니.

엄마는 요즘도 길에서 전단지 돌리는 사람을 보면 내 생각이 난다며 잔뜩 받아온다. 나도 그렇다. 식당 알바를 한 적이 있어 식당에 가면 종업원에게 친절하게 대한다. 정말 많은 사람의 도움 덕분에 내가 여기에 있다.

"하려고만 들면 뭐든지 할 수 있다"라고 쉽게 말하는 사람들이 있지만, 나는 그 말을 믿지 않는다. 상황이 어려우면 하려고 해도 할 수 없는 경우가 훨씬 많다. 오히려 무언가를 성취하지 못했다고 의지가 없는 사람 취급을 받는 것은 큰 상처가 된다는 걸 경험했다.

그래도 어떻게든 노력하다 보면 가지기 어려운 백 가지 기회 중에 딱 하나 정도는 손에 잡을 수 있는 것 같다. 나에게는 다이어리 쓰기가 그 증거였다. 그날 해야 할 일에 최선을 다하고, 목록에서 하나씩 지우고, 그렇게 일과를 끝내고 집으로 걸어오며 밤하늘을 올려다보던 그때의 내가 아직 마음속 어딘가에서 작은 자신감을 불어넣어 준다.

넌 할 수 있는 사람이야.
오늘의 작은 일이 쌓이면 뭐라도 되어 있을 거야, 라고.

안 그래도 살기 어려운 세상에 한 명쯤은 내 이야기를 믿고 다이어리 쓰기에 도전해보면 좋겠다. 그렇게 날마다 작은 자신감을 충전할 수 있다면 더 바랄 것이 없을 것 같다.

기록은 나를
더 나아지게 한다

다이어트, 영어 공부, 저축…, 분명 1월 1일에 새로운 마음으로 목표를 세웠는데 생각해보니 작년이랑 똑같다. 그런데 작년 1월 1일에도 이 생각을 했던 것 같다. 나만 그런가 싶어 친구에게 물어보니, 하루하루 살기도 팍팍한데 무슨 목표냐며 현상유지만 해도 다행이라고 한다.

바쁘게 직장 다니고 아이 키우는 지금의 모습에서 뭔가 변하고 싶은데, 어디서부터 뭘 해야 할지 모르겠다. 일단 요즘 유행하는 자격증을 따볼까, 올해만큼은 정말로 이놈의 직장 때려치우고 이직을 해볼까, 이런저런 다짐을 해본다.

그런데 2월에 연말정산을 하고, 3월에 연봉 협상하고, 5월에 돈 나가는 연휴를 보내고, 7월에 여름휴가 여행 한 번 다녀오면 9월 추석이 다가오고, 10월에는 커피전문점에서 내년 다이어리가 새로 나온다. 아니, 아무것도 한 게 없는데 1년이 순식간에 끝? 그리고 새해 목표를 다시 세운다. 다이어트, 영어 공부, 저축….

이런 일이 반복되는 이유는 대부분 구체적인 목표나 방향성이 없기 때문이다. 방향성이 없으면 의욕의 기복에 휘둘린다. 힘이 불끈 솟으면 엄청 열심히 했다가 기분이 다운되면 내버려두기 쉽다. 그걸 반복하다 보면 분명 열심히 무언가를 시도했지만 결국 제자리인 나를 발견할 수 있다.

하지만 방향성이 있다면, 오늘 단 한 걸음밖에 걷지 못했더라도 멈추지만 않으면 원하는 곳에 다다를 수 있다. 단기간에 보면 열정적으로 돌진하는 사람보다 느린 것 같지만 장기적으로 보면 결코 뒤처지는 것이 아니다.

어디로 가고 싶은지 방향성을 정하기 위해서 나는 어떤 상태에서 뭘 하면 행복할지 고민해보는 시간이 꼭 필요하다고

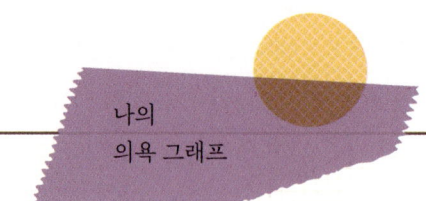

나의
의욕 그래프

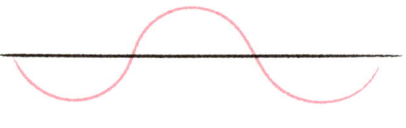

방향성이 없다면

방향성이 있다면

생각한다. 미셸 오바마는 이렇게 말했다.

"성공의 기준은 다른 사람들에게 당신이 어떻게 보이느냐가 아니라, 당신이 어떤 기분을 느끼느냐예요. 다른 사람들이 생각하는 성공을 이뤘다고 해서 결코 행복해질 수는 없다고 장담해요."

내 기분이 어떤지를 객관적으로 들여다볼 방법은 무엇일까? 다른 사람에게 물어보는 수도 있겠지만, 가장 정확한 방법은 역시 나에 대한 로 데이터(Raw Data)를 모아 나 자신과 대화하는 것이라고 생각한다. 바로 기록을 통해서 말이다.

나 자신을 가장 솔직하게
돌아보는 방법

한 방송에서 연예인 수지가 매일 작성했던 노트가 공개된 적이 있다. 노트의 내용은 '아이스티 줄이기', '물병 챙기기'부터 연습과 발성은 어떻게 했는지 등의 일상적인 것들이었다. 그리고 중간중간 '안무할 때 고개 내리기', '눈 많이 깜빡거리지 말기' 같은 내용이나 '연습을 안 하면 실전에도 나올 수 없다. 표정 연기를 그동안 안 했다. 그래서 지금 거지 같다' 등 무엇이 부족한지 파악하고 보완하여 실천할 부분을 고심한 흔적도 있었다.

'다른 사람 힘든 것 생각하기', '팬들 생각해주기', '겸손, 인사, 말투도 조금 더 신경 쓰자'와 같이 내면을 다독이는 내용도 있었다. 그걸 보며 지금의 스타라는 자리가 외모나 운 덕분만은 아니었다는 것을 알 수 있었다.

기록의 또 다른 중요성은 바로 이런 향상성의 발로에 있다. 계속 기록해 나간다면 나아지고자 하는 마음이 들게 하는 것을 넘어 무엇이 얼마나 나아지고 있는지 스스로 인지할 수 있다.

매일의 노력은 눈에 확 보이지 않는다. 적어놓지 않으면 '어느새 한 것도 없는 것 같은데 1년이 흘렀네? 이 나이 될 때까지 뭐 했지?'라는 허무함이 밀려오는 날을 종종 맞이하게 된다. 분명 시간이 지나갔고 나름 열심히 살았으니 뭔가는 발전했을 텐데 스스로 실감할 도구가 없기 때문이다.

'오늘 프레젠테이션 때는 덜 떨었다', '엑셀의 새 함수로 작업을 해봤다' 등 매일의 작은 성과를 꾸준히 적어 나간다면 나중에 들춰볼 때 그때의 고민이나 성취가 지금은 익숙해져 있는 나를 발견하게 된다. 내가 그때에 비해 나아졌다는 걸 실감할 수 있는 것이다.

이렇게 노력과 성실함이 시간을 만나 나의 재산이 된다는 것을 깨닫게 되면 앞으로 어떻게 살지 자신감이 생기며 동

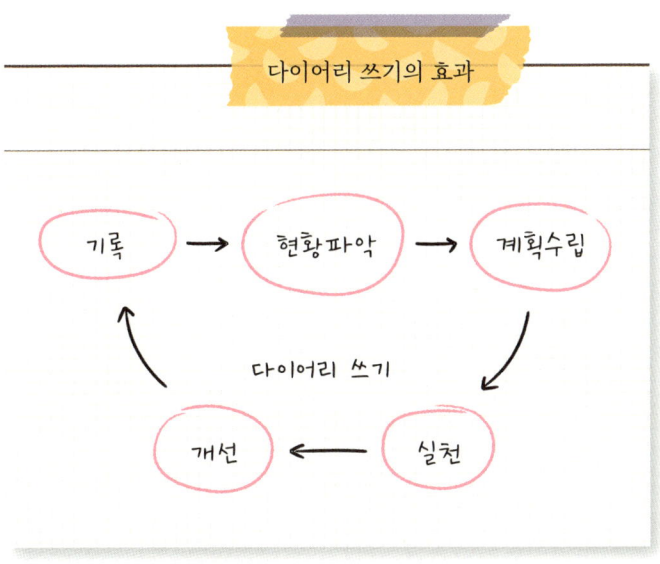

기부여가 된다. 그 과정에서 다이어리는 앞쪽의 그림과 같은 선순환을 자연스럽게 만들어 도움을 주는 강력한 도구다.

제프 콜빈의 책 『재능은 어떻게 단련되는가』를 보면 신중히 계획된 연습의 중요성에 대해 나와 있다. 이 책은 그저 계속 반복하는 연습으로는 지금의 수준에 익숙해지기만 할 뿐 한계가 있다고 말한다. 운전을 10년간 하면 회사에서 집까지는 눈 감고도 가지만 카레이서가 되지는 못하는 것과 같다.

따라서 지금보다 나아지고 싶다면 지금의 결과보다 높은 목표를 잡고, 그것을 달성하기 위해 개선해야 할 부분을 찾아 집중적으로 연습해야 한다는 것이다. 연습하고 또 피드백을 받는 과정을 반복해야 하는데, 코치 등의 외부 전문가에게 도움을 받는 것도 필요하다.

선수나 음악가가 아닌 일반 사람들이 피드백을 받기 위해 전문가를 초빙하기란 쉽지 않다. 하지만 누구나 더 나은 성과를 만들고 싶고 더 나은 인생을 꾸려가고 싶기 마련이다. 가장 쉬운 방법은 일단 써보는 것이다. 쓰고, 현 상태를 파악하고, 더 노력해야 할 점이 눈에 들어오고, 한 번 해보고, 잘됐나 안됐나 결과도 기록한다면 스스로 내 인생의 코치가 될 수 있다.

한번 성과를 맛보면 스스로 성과를 낼 수 있다는 믿음이 생겨 그다음 단계에 도전할 수 있다. 일단 써보자.

일단 아무거나
적어보자

'이제부터 다이어리를 한 번 써볼까?'라는 생각이 들면 많은 사람이 제일 먼저 하는 일은 일단 다이어리를 새로 사는 것이다. 이를 위해 어떤 다이어리를 어떻게 써야 할지 검색해서 최고의 다이어리나 플래너, 가계부를 고르려고 한다. 열심히 검색하고 드디어 '득템'한 것에 성취감을 느껴버려 다이어리는 펴보지도 않은 채 1년을 보내는 사람이 태반이다.

그렇지 않은 사람 중의 절반은 11월쯤 받은 커피숍 다이어리나 그때쯤 서점에 깔리는 가계부를 사서 2월 설날까지는 잘 쓴다. 그러다가 설날 연휴로 스케줄이 흔들리며 돈도 술술 나가고, 연이어 연말정산으로 돈을 토하든 돌려받든 하게 되면 봄맞이로 들뜨게 되면서 다이어리나 새해 목표는 서서히 잊어버리곤 한다.

가장 좋은 방법은 다이어리를 쓰겠다는 마음이 든 순간 되도록 빨리 내 눈에 예쁜 다이어리를 구해서 이름을 쓰는 것이다. 오랫동안 다양한 다이어리, 플래너, 가계부를 구입해 본 결과, 아무리 좋은 도구도 내가 꾸준히 쓰지 않으면 소용없다는 것을 깨달았다. 그러니 효과적인 다이어리, 최고의 다이어리를 고르려고 고민할 필요는 없다. 단 한 가지 기준은 디자인. 그저 매일 봐도 기분 좋은 디자인을 사는 게 자꾸 들여다볼 생각이 들어 효과적이었다.

생각나는 대로 적다 보면 생기는 일

처음 시작할 땐 그저 계속 적기만 해도 좋다. 최대한 좋아하는 디자인의 노트에 자주 조금씩 아무거나 적어본다. 오늘 먹은 음식도 좋고, 몸무게도 좋고, 기억에 남는 기사도 좋고, 읽은 책의 구절도 좋다. 중요한 걸 써야 한다거나 예쁘게 꾸며야 한다고 생각하면 지속하기가 어렵다.

부담 없이 뭐라도 적어보자. 시간이 지나면서 무의식적으로 내가 뭘 주로 쓰고 있는지 알 수 있다. 그렇게 기록이 쌓이면 어느 순간 특정 패턴을 발견할 수 있다.

사람은 원인과 결과에 대해 어떤 패턴을 찾고 싶어 한다. 랜덤하게 흩어져 있는 별을 연결해 별자리를 만들고 이야기를 창조해낸 옛날부터 내려오는 본능이다. 심지어 머리로는 인과관계가 없다는 것을 알지라도 특정 속옷을 입은 날에는 경기가 잘 풀린다는 식의 심리적 징크스를 만들어 내기도 한다.

사람들의 이런 보편적인 성향을 생각한다면 기록이 왜 중요한지도 알 수 있다. 매일 스케줄을 적었다면 내가 어떤 일에 시간을 주로 쓰는지 파악할 수 있다. 오늘 하루 있었던 일과 감정을 적었다면 내가 무엇 때문에 기분이 처지고 무엇으로 기분이 좋아지는지 알 수 있다.

'아, 요즘 좀 우울한데'라는 막연한 감정이, 그냥 체력이 떨어졌으니 홍삼을 먹으면 되는 건지, 회사의 이 프로젝트만 어떻게든 빨리 끝내면 되는 건지, 특정 친구만 만나면 묘하게 기분이 가라앉는 건지 등으로 구체화된다. 하다못해 날씨라도 꾸준히 적으면 적벽대전을 앞두고 이 동네는 언제 동남풍이 부는지도 계산에 넣을 수 있다. 이순신 장군도 『난중일기』에 가장 많이 적은 건 날씨라고 하지 않나.

나는 날씨와 함께 입었던 옷을 다이어리에 적어놓곤 하는데, 개천절까지 반소매 옷을 입다가 한 달도 못 되어 패딩을 입은 기록이 있었다. 가을 옷을 입는 시간이 아주 짧다는 걸 새삼 느끼고는 가을 옷을 지르려던 욕망을 물리친 적이 있다.

이처럼 무엇이든 소소하게라도 적으면 나를 더 파악하게 되고 나를 더 아껴주는 효과적인 방법을 찾을 수 있다. 기록을 하고, 패턴을 찾아 현재의 내 모습과 상황을 파악하게 되면 저절로 더 나아지기 위한 방법을 찾게 된다.

| 실 전 | '애자일 기법'과 피드백의 중요성 |

회사에 신입사원이 들어온 후 선배가 제일 속상할 때가 언제일까? 일을 시켰더니 엄청 열심히 노력해서 엉뚱한 방향의 결과물을 가져올 때가 아닌가 싶다.

그때 선배로서 뭐라고 말해줄 수 있을까? 나라면 단계별로 하나씩 미리 점검을 받으라고 말할 것이다. 보고서를 다 써서 가져오는 것이 아니라 주제를 정한 뒤 이게 맞는지 물어보고, 차례를 짠 뒤 다시 이게 맞는지 확인받고, 진행 중에도 중간보고를 꾸준히 하라고.

인생 계획도 이와 마찬가지다. 완벽한 로드맵을 짜놓고 그대로 실천하겠다는 것은 욕심이며, 결과가 잘못되었다는 걸 깨달았을 때는 이미 피해가 막심하다.

마이크로소프트의 전설적인 프로그래머 나카지마 사토시는 저서『오늘, 또 할 일을 미루고 말았다』에서 본인의 작업 스타일을 기술했다. 사토시는 최대한 빨리 프로토타입을 만들고 이후 수정을 거듭한다고 한다. 세계 최대의 회사들을 봐도 프로그램을 먼저 내놓은 다음 지속적으로 업데이트를 한다.

이 같은 방식은 IT 방법론 중 '애자일(Agile) 기법'과 비슷하다. 목표를 정하고 계획과 일정을 짜고 순서에 맞춰 진행한 후 마지막에 결과물을 테스트하는 '폭포수 기법'과 달리, 수정이 있을 것임을 가정하고 고객과의 충분한 대화를 통해 추가 요청사항을 계속 반영해 나가는 방법이다.

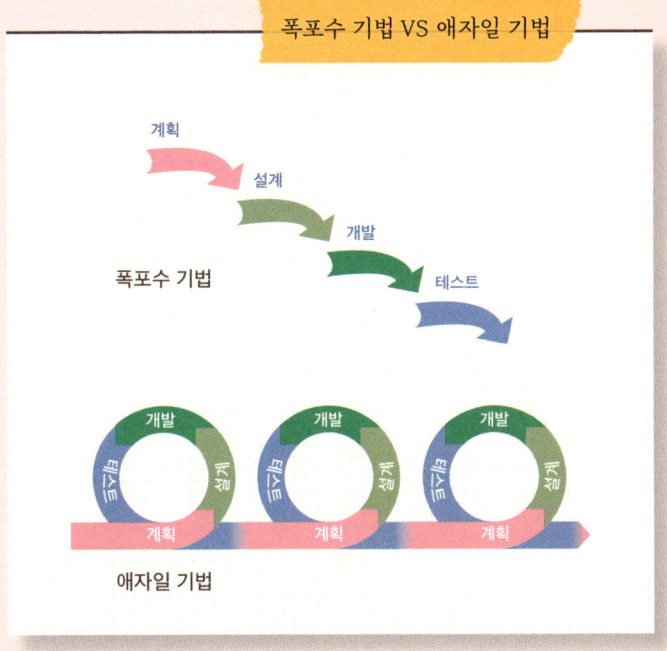

예를 들어 고스톱을 칠 때 나한테 처음 들어온 패를 보니 초단이 두 장 들어왔다 치자. 그러면 처음에는 초단을 한 장 더 모아서 이기겠다는 계획을 세우고 시작한다. 그런데 치다 보니 중간에 '고도리(새)' 패가 한두 개씩 들어온다. 그러면 억지로 초단에만 집중할 게 아니라, '고도리' 패 세 장을 모아 이기는 것으로 전략을 수정하는 것이다. 목표는 초단을 완성하는 것이 아니라 고스톱에서 이기는 것이라는 방향성을 잊지 않는 것이 중요하다.

일단 큰 방향을 설정하고, 준비물을 정하고, 가벼운 마음으로 계획을 세워보는 건 어떨까. 그리고 자신과의 대화를 통해 꾸준히 계획을 수정해 나가면 된다.

행복에도
기준이 필요하다

사람들에게 어떤 인생을 살고 싶냐고 물어보면 대부분 굉장히 포괄적으로 대답한다.

"그냥 돈 많았으면 좋겠고, 잘 살고 싶고…."

그러나 "돈 많다는 건 얼마가 많다는 거예요?" 또는 "잘 사는 게 구체적으로 어떻게 사는 거예요?"라고 물어보면 대답을 잘 못 하는 경우가 많다.

성공이란 무엇일까. 돈이 많은 것? 남들에게 인정받는

것? 그렇다면 행복이란 무엇일까. 하고 싶은 일을 하며 사는 것? 일상에서 소소한 즐거움을 찾아내는 것?

성공의 기준이 '돈이 많은 것'이라면 얼마가 있어야 성공일까. 2020년 6월 「머니투데이」가 부자의 기준이 되는 자산 금액을 얼마라고 생각하는지에 대해 설문조사를 했다. 그중 20억 원 이상이라고 응답한 사람은 59.5%였다(30억 원 이상 15.6%, 50억 원 이상 13.4%, 100억 원 이상 10.2%). 절반이 넘는 사람이 공감하는 숫자이니 부자로 인정받기 위한 자산을 20억 원으로 잡아보자.

그럼 만약 19억 원이 있으면 성공인가 아닌가. 현재 10억 원밖에 없지만 작게 시작한 내 회사의 시스템을 잘 만들고 확장해가고 있으며, 직원들에게 안정적인 월급을 주고 있으면 성공인가 아닌가. 현재 20억 원이 있지만 원래는 100억 원을 물려받았는데 사업과 주식으로 날리는 중이라면 성공한 삶인가 아닌가.

성공의 기준이 '남들에게 인정받는 것'이라면 몇 명에게 어느 정도로 인정받아야 성공일까. 유튜버의 구독자 수가 10만 명이면 성공이고 1만 명이면 성공이 아닌가. 자극적인 소재와 옳지 못한 언어로 소위 '어그로'를 끌어 구독자가 100만 명이면 성공인가 아닌가. 반대로 구독자가 10명뿐이면 실패일까. 10명 중 한 명이 안 좋은 생각을 품었다가 영상을 보고 다시 희망을 가졌다면 이건 실패인가 아닌가.

좋은 내용으로 구독자 100만 명을 모았다고 치자. 그렇다면 이것은 성공인가. 만약 100만 명의 팬이 있지만 유튜브에만 너무 시간을 쏟은 나머지 집에서 가족에게 외면받고 있다면 성공인가 아닌가.

행복이란 것도 그 기준이 애매하기는 마찬가지다. 행복의 기준이 '가족과의 화목함'이라면 그 화목이란 어떻게 측정할 수 있을까. 만약 네 명의 가족 중 아빠가 내 생일을 까먹었으면 덜 행복한가. 또는 과반수인 아빠와 동생이 까먹었으면 불행한 것인가.

영화 「기생충」의 등장인물처럼, 가족끼리는 화목하지만 당장 먹고살 돈이 없다면 그래도 행복한가. 반대로 형편은 좋은데 다들 잊고 있다가 집에 있는 초코파이로 급하게 생일 케

이크를 준비해 주었다면 당사자는 행복한가, 불행한가.

이런 질문에 명확히 대답할 수 있을까. 대답을 할 수 있다 하더라도 100명의 답이 모두 동일하지는 않을 것이다. 성공과 행복에 객관적인 기준은 없기 때문이다.

나는 무엇에
행복을 느끼는 사람인가

성공의 사전적 의미는 '목적하는 바를 이룸'이고, 행복의 사전적 의미는 '충분한 만족과 기쁨을 느끼어 흐뭇함'이다. 종합해보면 각자 자기 나름의 목적이 있어야 하고, 그것을 이룰 때마다 만족과 기쁨을 누릴 때 성공과 행복 둘 다 성취가 가능하다는 얘기가 된다.

목적하는 바를 이루려면 일단 목적이 있어야 한다. 따라서 내가 좋아할 만한 나만의 목적을 정하고, 그에 따른 목표 수립 과정이 필요하다.

또한 그 과정에서 만족과 기쁨을 누리려면 해야 할 일을 구체화해서 눈에 보이는 곳에 적고, 이루기 위해 실천하고, 해낸 것은 체크하며 스스로 만족하는 과정이 필요하다.

80대의 나이에도 꾸준히 활동하는 배우 이순재는 디마 마스터 클래스 강연에서 이렇게 이야기했다.

"뭔가를 할 때 하는 이유가 분명해야 해요. 남들이 봤을 때 터무니없는 이유라고 해도 스스로 납득이 가는 확실한 이유가 있어야 한다는 겁니다."

"내가 딴따라라고 생각했으면 이렇게 오래 못했을 거예요. 그런데 예술이라고 생각하니까 평생을 하고 있잖아요. 생각의 전환이 엄청나게 다른 결과를 가져온 거죠."

"오늘 당장 더 좋은 성과를 내려면 남에게 어떻게 보이는지가 중요하지만, 오랫동안 꾸준히 성과를 내려면 내가 나를 어떻게 보는지가 더 중요하더라고요."

내 인생에 만족하고 기쁨을 얻기 위해 가장 먼저 해야 할 일은 무엇일까. 바로 내 인생에 내가 의미를 부여하는 것이다. 내가 왜 태어났고 왜 살아가야 하는지, 무엇을 하며 어떻게 살아갈지를 스스로 정한다. 그리고 거기에 맞춰 하루하루 선택하고 개선해 나간다.

성공과 행복에 대한 기준은 저마다의 목적과 성향에 따라 다르다. 나만의 기준을 세우지 않으면 세상의 기준에 흔들리기 쉽다. 그리고 세상의 기준에 맞춰 살다가는 끊임없는 불만족의 늪에 빠지게 된다. 완벽한 사람이란 없기 때문이다.

| 실전 | **'톱-다운 방식'으로 목표 관리하기** |

나의 목표 관리 및 시간 관리 방법은 톱-다운(top-down) 방식으로 끊임없이 실행과 피드백을 반복하는 것이다. 위(top)에서부터 아래(down)로, 가고자 하는 상위목표를 먼저 정하고 현재 내 위치를 파악한 후, 그곳에 다다르는 방법들이 뭐가 있는지 세부 계획을 정한다. 그리고 그 세부 계획을 매년, 매월, 매일로 쪼갠다.

톱-다운 방식의 목표 관리

내 인생의 의미를 정한다	어떤 인생을 만들고 싶은지 정하기
내 인생의 로드맵을 짠다	ㄴ 장기목표(10~15년) ㄴ 중기목표(5년) ㄴ 단기목표(1년)
하나씩 달성해가며 뿌듯함을 느낀다	ㄴ 월 목표/일일 시간관리

이렇게 큰 그림을 그려놓으면 이후에는 눈앞의 작은 목표를 달성해 나가는 것만으로 원하는 곳에 도착할 수 있다. 마라톤을 할 때 골인 지점과 로드맵을 정해놓고, 실제 달리면서는 '저 다리까지만 가보자, 저 건물까지만 가보자'라며 스스로를 독려하는 것과 마찬가지다.

당연한 말이지만 골인 지점과 로드맵이 없다면 달리면서도 내가 왜 달리고 있는지, 이 길이 맞는지 생각하느라 에너지를 쏟거나 계속 멈춰야 한다. 엉뚱한 길로 돌아갈 수도 있다. 그래서 시작하기 전에 첫 번째로 할 일은 골인 지점, 즉 방향성을 정하는 일이다.

방향성은 그 자체로 동기부여가 된다. 어떤 학생이 다른 나라에서 활약하는 자신의 미래를 꿈꾸며 외교관이 되기로 결심했다면 영어를 잘하기 위해 오늘 단어 열 개를 외우는 일은 단순히 지겨운 숙제가 아니게 된다.

직장인이 회사를 그만두고 가족과 여유로운 일상을 보내는 꿈을 간절하게 꾼다면 부수입을 위해 주말에도 피곤한 몸을 이끌고 이런저런 공부를 하게 된다. 그래서 인생에 반드시 이뤄내고 싶은 큰 목표를 정하는 일이 중요하다. 먼 미래의 목표를 잡기가 어렵다고 느껴진다면 오른쪽

미션1의 질문에 대한 답변을 먼저 생각해보자. 이런 답변을 종합해 한 문장으로 정리하는 것이다. 가족과 함께 의논해보면 좋다.

미션 1

미래의 나는 어떤 사람이 되고 싶은지 적어보기

1. 나는 누구와 함께 있는가
2. 나는 어디에 있는가
3. 나는 어떤 가치를 추구하는가
4. 나는 무엇을 이루고 싶은가
5. 나는 그것을 왜 이루려고 하는가

이것이 어렵다면 '미래의 나'가 아니라 '현재의 나'를 기준으로 적어보는 것도 좋다. 질문을 다음과 같이 바꿔봄으로써 그것을 미래의 나에게도

적용해볼 수 있는 것이다.

1. 나는 누구와 함께 있을 때 기분이 좋은가
2. 나는 어디에서 무엇을 하고 있는가
3. 나는 어떤 가치를 추구하며 사는가
4. 내가 살면서 만족하는 부분, 유지하고 싶은 부분은 무엇인가
5. 나는 어떤 부분을 발전시키고 싶으며, 왜 발전시키고 싶은가

큰 목표가 정해졌다면 관련 사진이나 그림을 덧붙이는 것도 좋다. 시각화하면 추후 구체화할 때 한결 편하다.

뒤에서 자세히 다루겠지만, 나는 15년 후의 목표를 가족들이 평범하게 쪼들리지 않고 살 수 있는 자산 8억 원으로 잡았다. 그리고 목표를 연 단위, 월 단위, 일 단위로 쪼개 실천한 결과 예상보다 일찍 목표를 달성할 수 있었다.

사실 10~15년 이후의 계획은 세워도 그대로 이루어질 가능성이 낮다. 중학생 때 삐삐에 '8282'를 치고 있을 때는 불과 십여 년 만에 모두가 스마

트폰을 하나씩 쓰리라고 예상하지 못했다. 한글 타자연습 게임을 할 때는 유튜브 스타를 꿈꾸는 세상이 오리라고 생각하지 않았다. 그런데도 왜 굳이 먼 미래부터 정하고 차츰 방법을 좁혀가야 할까?

'미래의 나는 어떤 사람이 되고 싶은가'에 대한 답은 딱 하나만 만들어져 있는 좁은 오솔길이 아니다. '더 이상 들어가지 마시오'가 표시된 넓은 해변과 같다. 그렇게 넓은 범위 안에서 내가 가고 싶은 한 곳을 정하고, 거기까지 가기 위해 나만의 길을 찾아가는 것이다.

길이 하나만 있는 게 아니라는 점은 참 유용하다. 고3이 눈앞의 대학교 입학만을 목표로 한다면 대입에 실패했을 때 좌절하게 된다. 취준생이 한 회사의 입사만을 목표로 노력하다가 실패해도 그렇다. 사회인이 새벽 기상을 목표로 잡았다가 하루 늦게 일어났다면 목표를 지키지 못한 자신에게 실망하며 그만두고 싶은 마음에 휩쓸리기 쉽다.

하지만 인생의 목표를 더 멀리 내다보고 잡을 수 있다면 한두 번의 실패로 완전히 좌절하지는 않는다. 그 대학교가 아니어도, 그 회사가 아니어도 꿈을 펼칠 수 있는 곳은 분명히 있을 것이며, 하루쯤 새벽 기상에 실패했다고 난 역시 안 될 거라며 좌절하지 않을 수 있다.

살다 보면 계획대로 안 되는 일, 노력으로 안 되는 일이 훨씬 많다. 우리가 할 수 있는 것은 방향을 정하고, 할 수 있는 한 최선을 다하고, 그 목표를 되새김질하며 여러 기회가 스쳐 지나가는 것을 놓치지 않는 것뿐이다. 인생의 큰 목표를 분명히 정하는 것은 그래서 모든 행복의 기본이다.

나는 내 삶을
잘 '컨트롤'하고 있을까

성공이란 무엇이며 행복이란 무엇일까. 여기에 옳고 그름이 있을까. 균형은 어떻게 잡을 수 있을까. 이 질문에 대한 나름의 답을 찾기 위해 오랫동안 고민하며 여러 책을 읽어 나갔다.

처음 자기계발서를 접한 건 수능을 끝낸 20년 전부터다. 엄청난 화제작이었던 빌 게이츠의 『생각의 속도』와 피터 드러커의 『프로페셔널의 조건』을, 무슨 소린지 모르겠지만 다들 좋다고 하니 필사하던 기억이 난다. 이후 『잭 웰치·끝없는 도전과 용기』가 인기를 끌다가 몇 년 후 그 방식이 과연 옳았던 것일까 새로운 의견이 나오기도 하고, 『아침형 인간』이 『미라클 모닝』으로 재탄생하고, 『그대 스스로를 고용하라』가 지금의 1인 브랜딩 트렌드에 다시 인기를 얻는 것까지 지켜보았다.

그사이 나는 현재의 부족함을 인정하고 더 큰 성공을 추구하는 자기경영이나 투자는 물론이고, 현재의 충분함을 인지하고 가진 걸 비우는 미니멀리즘에까지 한 번씩 푹 빠졌었다.

그러다 중요한 사실을 깨달았다. 자기계발의 방법이 여러 가지고 때로는 서로 반대방향 같지만 본질은 같다는 것을. 그건 바로 '컨트롤(control)', 즉 내가 상황과 인생을 '통제하고 있다는 실감'이었다.

사람들은 내 모습이 만족스럽지 않을 때, 뭔가 변하고는 싶은데 무엇이 변해야 할지 모를 때, 지금과 다른 인생을 만들고 싶을 때 가장 먼저 자기계발서나 유튜브를 찾는다. 주로 관심 갖는 종목은 새벽 기상, 미니멀리즘(정리), 긍정적 자기암시, 감사일기 등이다.

새벽에 일찍 일어나는 행위는 '아침형 인간'에서 '미라클 모닝'으로 이름을 바꿔가며 오래 인기를 끌고 있다. 심지어 딱히 할 것이 없는데도 일단 새벽에 일어나면 뭔가 인생이 달라지는 것 같다며 상당한 액수의 돈을 내고 챌린지 프로그램에 참여하는 사람들을 꽤 목격했다.

새벽 기상이 이렇게 사랑받는 원인이 무엇일까 생각해보니 핵심은 '컨트롤'에 있었다. 더 자고 싶지만 회사 또는 학교에 가야 해서 억지로 일어난다는 느낌이 아닌, 내가 스스로 선택해서 일찍 일어났다는 느낌을 받고 싶은 것이다. 하루의 주도권을 내가 갖고 있고, 내가 원하는 대로 컨트롤하고 있다는 기분이 상쾌함을 안겨준다.

미니멀리즘도 본질은 비슷하다. 물건이든 인간관계든 자기가 컨트롤할 수 있는 범위를 정하고 그것을 넘어서면 제거하는 데 초점이 맞춰져 있다. 물건이 일정 수준을 넘기면 그걸 다루는 일에 시간과 기력이 소모되는데, 비움으로써 오히려 나라는 사람의 본질에 더 집중하는 것이다.

『시크릿』으로 대표되는 긍정적 자기암시도 그렇다. 내 의지대로 할 수 없는 우주의 기운까지도 내가 바라는 대로 움직일 수 있다는 느낌은 사람들에게 안정감을 준다. 마찬가지로 감사일기는 환경을 바꾸는 대신 그걸 대하는 내 마음을 움직이게 하는 도구다. 어떤 상황에서도 나는 내가 원하는 대로 살아갈 수 있다는 의지가 담겨 있다.

이렇게 '컨트롤'이 주는 만족감은 자기계발 분야에서 제일 많은 부분을 차지하는 '부자 되는 법'에도 적용되고 있다. 사람들이 부자가 되고 싶어 하는 이유는 돈이 충분하면 내 시간을 내 선택에 따라 활용할 수 있기 때문이다. 반대로 돈이 없으면 내 시간을 누군가에게 팔아 돈으로 바꿔야 하고, 나에 대한 결정권을 다른 사람이 가지게 된다.

따지고 보면 회사원이 때려치우고 싶어 하는 이유는 대체로 '열심히 일해도 결국 남 좋은 일'이라는 기분 때문이다. 연봉이 높아도 교체 가능한 부품이 된 느낌을 받는다면 퇴사를 꿈꾸게 된다. 물론 무조건적으로 돈만 벌려는 태도는 오히려 선택의 폭이 좁아지게 만든다. 집에 돈이 그렇게 많은데도 그깟 굴비 한 마리 제대로 즐길 줄 몰랐던 자린고비 이야기처럼. 그래서일까, 사람들은 이런 부자는 별로 부러워하지 않는다.

돈보다 강력한
'선택'이라는 쾌감

TV를 즐겨보지는 않지만 꼭 챙겨보던 프로그램이 있었다. 시골에서 밥 해먹는 일이 전부인 「삼시세끼」다. 영화 「리틀 포레스트」도 여러 번 돌려봤고 남편은 「나는 자연인이다」를 자주 본다. 자극적인 내용도 별로 없는 이 프로그램들을 왜 계속 보게 될까?

현실에서 여러 문제로 휘둘리다가 TV를 켠 순간, 그들은 상사의 지시도 없고 거래처의 갑질도 없이 그날그날 자신들이 결정한 메뉴의 음식을 해 먹고 하고 싶은 일을 하며 시간을 보낸다. 보고 있으면 '나도 일 때려치워도 먹고 살 수는 있겠는데? 시골 빈집에 들어가서 그날그날 먹을 것만 해결하는 삶도 가능하네?'라는 생각이 든다.

물론 프로그램이 끝난 후 실제로 사표를 쓰고 자연을 찾아 떠나지는 않는다. "농사는 아무나 짓나? 저렇게 사는 것도 쉽지는 않지"라고 말한다. 무의식적으로 '그래, 저런 선택지도 있지만 나는 지금의 일상을 선택했어'라는 메시지를 스스로에게 보내는 것이다. 사실은 그런 생각이 일상에 큰 위로가 된다. 똑같은 일을 해도 '이 방법밖에 없다'고 생각하는 것과 '다른 방법을 알지만 내가 선택한 길이다'라고 생각하는 것은 전혀 다른 이야기다.

결국 성공이나 행복도 별거 없다. 아무리 사소한 일이라도 내가 내 삶을 잘 통제하고 있다는 사실을 명확히 인식하면 된다. 그러면 행복을 느낄 수 있다. 그리고 그 통제 범위를 조금씩 넓혀간다. 나태한 나를 관리하고, 가족이 화목할 수 있게 관리하고, 회사가 잘 운영되게 관리하는 것이다. 그게 성공이다.

어쩔 수 없는 일이 닥치기도 할 것이다. 이것도 결국 내 선택이었음을 인지하거나, 배울 점을 찾아냈다고 생각하거나, 인생사 새옹지마니 나쁜 일이 지나면 좋은 일이 올 것이라 여기거나, 바꿀 힘이 나에게 있다며 종교의 힘을 빌릴 수도 있다. 중요한 것은 내가 어떤 의미를 부여하고 생각하느냐에 따라서 행복과 불행을 선택할 수 있다는 것이고, 그것이 인생의 큰 목표를 이뤄내는 기본 소양이라는 점이다.

수동적인 삶 vs
내가 선택한 삶

얼마 전 집에 지인이 놀러 왔다. 잠깐 자리를 비운 사이에 지인이 내 아들에게 사탕을 줬는데 잘 받아먹었나 보다. 내가 오자 남은 사탕들을 나에게 쥐여주며 아들에게 "착한 일 하면 그때마다 엄마가 사탕 하나씩 줄 거야"라고 말했다. 나는 어떻게 했을까? 그 자리에서 사탕을 다 까서 아들에게 줬다.

그렇게 한 첫 번째 이유는, 착한 일은 사탕 때문이 아니라 그 일이 옳으니까 하는 것이라는 점을 아들에게 가르치고 싶었기 때문이다. 마찬가지 이유로 나는 아들을 혼낼 때 '그렇게 하면 경찰 아저씨가 잡아간다'거나 '도깨비가 온다'는 이야기는 절대 하지 않는다. 만약 경찰 아저씨가 없으면 나쁜 일을 해도 되는 것인가? 혹은 하지 말란 일을 몇 번 했는데도 도깨비가 안 잡아간다는 사실을 알아버린 아이에게는 뭐라고 할 것인가? 옳지 못한 행동은 하지 말아야 하는 이유를 제대로 설명하는 게 좋다고 생각한다.

두 번째는 사탕을 상으로 주면 사탕은 좋은 것이라는 인식이 생기기 때문이다. 노력의 보상으로 받아야만 먹을 수 있다면 아이 입장에서 사탕은 얼마나 귀하고 좋을 것인가. 그래서 우리 집은 사탕도 TV도 그냥 풀어준다. 대신 엄마는 사탕이 이러저러해서 안 먹는다, TV는 이러저러해서 잘 안 보게 되더라, 너는 네가 접해보고 판단해라, 라고 말한다. 그러면 아이는 처음엔 관심을 보이다가도 곧 흥미를 잃는다. 얻기 쉽고 너무 흔하기 때문이다.

이렇게 하는 이유는 내가 그렇게 자랐기 때문이다. 엄마는 어릴 때부터 집안일을 하면 용돈을 주는 방식을 굉장히 싫어했다. 심부름은 가족을 위하는 행위이므로 기꺼이 해야 하는데, 돈이 목적이 되면 시간이 흐를수록 더 큰 돈을 줘야 만족한다. 우리 집 상황이 어려워지기 전인 초등학생 때까지 부모님은 용돈은 정해진 날에 정해진 액수를 주었고, 정해진 액수를 어떻게 쓸지는 오롯이 내 몫이었다.

그럼 집안일의 보상은 무엇이었나. 그건 성취감과 칭찬이다. 부모님은 학교 성적은 '네 인생, 네 일'이라며 신경 쓰지 않았지만, 각자가 맡은 집안일이나 손님에 대한 예절에 관해선 엄격했다. 어린 나로선 그 과정은 싫고 귀찮았지만 "애들이

참 잘 컸다"는 주변의 칭찬에 내심 뿌듯했다.

시간이 지나고 보니 어른들이라고 크게 다르지 않았다. 처음엔 일을 좋아서 시작했다가도 어느새 월급이라는 사탕을 받기 위해 직장에 나가는 모습으로 변한다. 하지만 그럴수록 이런 질문을 스스로에게 던져야 한다고 생각한다. 나는 왜 이 일을 선택했는가, 이 일을 통해 무엇을 얻고자 했는가, 돈을 안 받더라도 이 일을 할 것인가. 돈이 목적이라면 나는 그 돈에 충분히 만족하는가.

주위 사람들 중에는 재테크 등으로 돈을 꽤 벌거나 집안이 좋아 굳이 회사를 안 다녀도 되는데 재미로 다니는 것 같은 사람들이 있었다. 그런데 오히려 그런 사람들이 승진이 빨랐다. 같은 회사, 같은 업무라도 억지로 한다고 생각하면 출근하는 하루하루가 고통이지만 내가 이 일을 '선택'했다고 생각하면 성취감 자체가 보상이 된다.

기부하거나
다이어리를 쓰거나

일상 속에서 좀 더 쉽게 '주도적인 삶을 살고 있다는 느낌'을 얻는 방법이 있다. 경험상 효과가 확실한 방법인데, 바로 기부와 다이어리 쓰기다.

카드값은 정해진 날에 반드시 납부해야 하지만 기부는 할 수도 있고 안 할 수도 있다. 즉, 선택이 가능한 것이다. 내가 기부하기로 선택하고 돈을 보내는 행위는 내가 나의 경제권을 통제하고 있다는 걸 스스로 느끼게 해준다.

한국의 워런 버핏이라 불리는 존 리는 "부자란 돈이 많은 사람이 아니라 돈으로부터 독립한 사람이다"라고 말했다. 돈에 구애받지 않는 부자가 된 것처럼 느끼고 싶다면 기부를 해보자. 돈에 연연하지 않는 여유를 실감할 수 있다.

그보다 더 쉬운 방법은 다이어리를 쓰는 것이다. 내가 정한 내 삶의 의미를 적고, 거기에 따른 목표를 정하고, 계획을 세우고, 매일 조금씩 실천하면서 그것을 기록으로 남기는 것이다. 그러면 매일 단 5분으로 내가 원하는 삶을 쟁취해 나간다는 뿌듯함을 느낄 수 있다.

작은 성취를 꾸준히 이뤄 나가는 재미

꼭 거창한 일에서만 성취감을 느껴야 하는 건 아니다. 아주 작은 것이라도 조금씩 이뤄내는 것 자체로 훌륭하다. 성취감에는 우월이 없으며, 다른 사람의 기준에 휘둘릴 필요도, 자신의 기준으로 남을 판단할 필요도 없다. 외모를 가꾸고 돈을 벎으로써 주위의 인정받을 때 행복을 느끼는 사람도 있지만, 좋은 그림을 그리거나 깨끗한 방을 유지하는 것에서 행복을 느끼는 사람도 있다.

개그우먼 이영자와 배우 김사랑은 둘 다 내가 좋아하는 연예인이다. 개그우먼 이영자는 음식에 대해 해박한 지식을 이야기하거나 생생하게 맛을 묘사할 때 매력적이다. 긍정적인 모습으로 개그계의 후배들을 대하는 모습을 보면서 보는 나도 에너지를 얻는다.

배우 김사랑은 철저한 식단과 운동 등의 관리를 통해 나이와 관계없이 아름다움을 유지하는 모습을 보여준다. 예전에는 나이를 먹으면 체형이 흐트러지는 건 어쩔 수 없다고 생각했는데 김사랑을 보면서 포기하지 말고 나도 좀 더 노력해볼까 하는 동기부여를 얻는다.

두 사람은 각자 자기만의 매력으로 사람들에게 좋은 영향을 끼친다. 만약 이영자가 김사랑을 보며 자신을 부끄러워하거나, 김사랑이 이영자를 보며 부러워하기만 한다면 과연 다른 사람들이 지금처럼 매력을 느낄까.

똑같은 시간이 주어지더라도 어떤 사람은 식사를 선택하

고 어떤 사람은 운동을 선택할 수 있다. 하지만 중요한 건 무엇을 선택하느냐가 아니라 내가 선택한 인생에 후회가 없느냐일 것이다. 내 인생을 내가 주도적으로 이끌고 있다는 확신이 필요하다.

개그우먼 이영자는 한 방송에서 힘든 시기를 화분을 키우며 버텼다고 말했다. 나도 아들에게 화분에 고구마를 심어 키우게 한 적이 있었다. 처음 그냥 길렀을 때는 아들이 그다지 관심 없어 하는 것 같았다. 두 번째는 매일 싹의 크기나 고구마의 변화 등을 노트에 적게 했는데, 아들은 두 번째 고구마에 훨씬 애정을 갖고 뿌듯해하며 돌보았다.

작은 일이라도 내가 행동한 만큼 결과가 만들어진다는 것을 적극적으로 보여줄 필요가 있다. 다른 누군가가 아닌 나 자신에게 말이다. 그래서 나는 작은 것이라도 기록을 한다. 나에게 보여주기 위해서.

안 맞는 사람을 억지로
곁에 둘 필요가 있을까

슬럼프를 극복하거나 인생의 터닝 포인트를 만들고 싶어 운동을 시작하고 머슬 대회에까지 도전하는 사람들을 종종 볼 수 있다. 자기계발을 시작하려는 사람은 바디 프로필을 목표로 하기도 한다. 의지를 갖고 훈련을 통해 실력이 향상되는 분야는 얼마든지 많은데 그중에서도 왜 운동 또는 다이어트를 택하는 걸까?

첫 번째 이유는 운동은 많은 사람이 하기 싫어하는 분야이기 때문이다. 싫어하지만 실천하는 것 자체가 대단한 일이기 때문에 스스로도 뿌듯한 감정을 느낄 수 있고 타인에게 내 의지를 보여줄 수 있다.

두 번째 이유는 늘어나는 근육이나 탄탄해지는 몸매가 눈에 보이기 때문이다. 다른 사람에게 구구절절 설명할 필요 없이 보이는 결과로 '와, 저 사람 엄청나게 열심히 했구나, 대단하다!'라는 생각을 끌어낼 수 있다. 종합하면 운동과 다이어트는 '다른 사람들에게 인정받는' 가장 확실한 방법일 수 있다.

스스로의 만족이 가장 중요하지만 주변에서 인정해준다면 자신감을 갖기에 조금 더 효과가 좋을 것이다. 더 잘하려는 의지가 생기고, 주변의 좋은 피드백은 루틴을 오랫동안 유지하기에 도움이 된다. 매일 책을 읽는다면 혼자 읽는 것보다 다른 사람들이 보는 SNS에도 함께 기록하는 것이 효율적이다.

이처럼 목표를 세웠을 때 다른 사람에게 공표하라는 이야기를 흔히 한다. 하지만 만약 내 주변에 내 목표를 믿지 않거나 비웃는 사람만 있다면 어떨까?

다른 사람의 눈은
생각보다 중요하다

「우리 아이가 달라졌어요」라는 TV 프로그램으로 유명한 오은영 박사의 인터뷰(2018년 6월 2일자 한국일보)를 본 적이 있다. 그 인터뷰를 보고 사람에게 주변 사람들의 인정이 얼마나 큰 영향을 미치는지 알 수 있었다.

오은영 박사는 엄마 배 속에서 33주 만에 태어나 또래에 비해 항상 작고 말랐다고 한다. "주위에서 '쟤는 왜 저렇게 빌빌거려 보여요. 어디 아파요?'라고 하면 아버지는 '쟤가 팔삭둥이로 태어났잖아요, 그런데도 달리기를 엄청 잘해요'라거나 '쟤가 세 살에 한글을 뗐어요'라고 하셨죠." 이런 아버지의 긍정이 인생에 큰 힘이 되었다고 그녀는 말했다.

『사람일까 상황일까』라는 책을 보면 주변 사람, 즉 환경이 인간에게 미치는 영향이 예상보다 크다는 것을 알 수 있다. 책에는 뉴욕시에서 키티 제노비스라는 여성이 폭행범에게 30분 넘게 칼에 찔린 사건이 나온다. 제노비스는 도와달라고 소리쳤지만 38명 이상의 사람들이 알면서도 개입하지 않았다.

이 사건을 계기로 심리학자 존 달리와 빕 라타네는 '위급 상황 시 주변인 개입연구(1968)'를 실시했다. 참가자가 설문지를 작성할 동안 방에 갑자기 연기가 흘러들어오는 실험이었다. 혼자 있을 때는 참가자의 75%가 연기가 들어오고 있다고 신고했다. 하지만 무표정한 표정을 짓는 두 명의 실험 협조자와 있을 때는 10%만이 신고했다.

컬럼비아대학교에서도 비슷한 실험을 했는데, 설문을 작성하는 동안 칸막이 건너편에서 여성이 심하게 넘어지는 소리를 들려주는 내용이었다. 혼자 있던 참가자는 70%가 여성을 도와주려 했지만 무표정한 실험 협조자와 있는 경우에는 7%만이 개입했다. 개인으로 있을 때와 집단에 속해 있을 때의 행동이 달라지는 것이다.

이것을 목표 달성에 적용하려면 어떻게 해야 하는가. 만나는 사람을 바꿈으로써 타인의 평가를 내가 원하는 방향에 맞춰 세팅하는 것이다. 사람은 자신의 모습을 스스로 볼 수 없다. 거울에 비추든 셀카를 찍든 나의 모습을 나에게 다시 보여주는 무언가가 필요하다. 내 주위에 있는 사람 또한 그런 역할을 한다.

예를 들어 나는 결혼 후에도 계속 직장에 다녔다. 그게 어떤 사람들에게는 자연스러운 일이다. 하지만 어떤 사람들은 직장 그만두고 남편 내조하며 사는 게 여자의 행복인데 안쓰럽다는 이야기를 했다. 마찬가지로 아이를 낳고 퇴직했을 때 내 결정을 지지하는 사람이 있었는가 하면, 젊은 여자가 남편 월급으로만 살려고 하냐는 사람도 있었다.

어떤 상황이건 반대 의견은 항상 있다. 그저 내가 이렇게 결정했으면 거기에 맞는 사람들만 곁에 두면 된다. 내가 삶의 가치를 종교에 두었다면 나의 종교적 신념을 지지해주는 사람들과 어울리면 된다. 내가 한 분야에 비공식적 전문가(이른바 '덕후')로 활동하는 것이 즐겁다면 관심사가 비슷한 사람들의 커뮤니티에서 주로 활동하면 된다.

나의 선택을 존중하지 않고 심지어 비난하거나 비웃는 사람을 옆에 둘 필요는 없다. 나 스스로가 나를 인정해주고, 소수의 주변 사람도 그걸 지지해준다면 행복과 성공이 조금 더 쉬워진다.

내가 뭘 하든
지지해줄 사람

한때 열풍이었던 '스타벅스 서머레디백'을 구하러 새벽부터 매장 앞에 줄을 선 적이 몇 번 있었다. 해보니 두 시간 정도 일찍 가면 받을 수 있었다. 아홉 시에 오픈하는 매장이면 일곱 시, 여덟 시에 오픈하는 매장이면 여섯 시.

여기까지 말하면 대체로 반응이 "그렇게까지 해서 받아야 하나"였다. 물론 처음엔 나도 그랬다. 그런데 몇 번 가보니 모여 있는 사람들끼리는 담소도 나누고 당연한 듯한 분위기라 마음이 편했다. 그 와중에 일찍 와서 앞쪽에 서 있는 사람들의 공통점이 보였다.

가장 많이 본 사람은 40~50대 중년 부부다. 아침이라 해도 여름이라 해가 뜨거웠다. 아내가 줄을 서 있으면 남편이 계속 말동무도 해주고 편의점 가서 물도 사 오고 모자도 씌워주고 햇빛도 가려주고 교대도 해주며 시간을 보낸다. 줄을 서 있으면 내 앞에 몇 팀은 이런 모습이었다. 가방을 받고 나면 부부가 같이 기뻐하며 커피 한 잔씩을 들고 떠났다.

제일 부러웠던 경우는 10대 아들이 엄마 힘들다고 새벽에 먼저 와서 줄을 서 있다가 엄마가 중간에 와서 교대하는 것을 봤을 때다. 뒤에서 그 모습을 보면서 '아, 나도 아들 저렇게 키울 수 있을까'라는 생각이 들었다.

앞뒤 사람들과 이야기도 나누어 봤는데 뭘 어떻게 하면 받는 건지도 모르는 사람이 있었다. 그냥 딸이 갖고 싶어 하기에 바코드 받아서 왔다며, 가져가면 엄청 기뻐할 것 같다고 했다.

모인 사람들의 공통점은 하나였다. 그 사람들의 주변에는 이런 짓을 하다니 정신 나갔다고 한다든가, 할 일 없어 보인다고 깎아내리는 사람이 없다는 것. "그게 뭔지는 몰라도 네가 좋아하니까 나도 좋다", "도와줄까? 재밌을 것 같은데 같이 할래?"라는 반응을 보이는 사람들이 옆에 있으면 그게 성공한 인생, 행복한 인생 아닐까 하는 생각이 들었다.

SBS 프로그램 「세상에 이런 일이」에서 인형 놀이에 빠진 중년 여성을 본 적이 있다. 그냥 인형 놀이만 하는 수준이 아니라 인형 수집은 기본, 각종 소품을 직접 제작하고 블로그에 인형으로 만든 상황극을 올리는 사람이다.

그분은 몇 년 전 사기를 당해 큰돈을 잃어 힘들고 우울했을 때 우연히 조카가 갖고 놀던 인형을 선물 받게 되었고, 상상했던 모든 일이 인형의 세계에서는 가능하다는 생각에 푹 빠지게 되었다고 한다. 인형 덕분에 삶의 의욕도 되찾고 행복해졌다는 인터뷰가 이어졌다.

하지만 곧 등장한 남편을 보니 중요한 건 인형이 아니었다는 생각이 들었다. 인형 놀이를 하는 아내를 보며, 인형이 인형을 좋아하는 것 같아 너무 귀엽다고 말하는 게 아닌가. 남편은 아마 아내가 무엇에 열중하더라도 지지하고 응원했을 것이며, 아내는 인형 놀이가 아니라 무엇을 했든 기운을 얻어 아픔을 딛고 일어섰을 것이다.

서로 존중하고 사랑하는 사람을 옆에 두는 것은 중요하다. 나의 결심을 비웃고 비난하며 마음을 해치는 사람은 멀리하는 게 낫다. 그리고 소중한 사람에겐 내가 먼저 든든한 응원군이 되어보는 것은 어떨까.

> 실 전

행복의 기준을 구체화하기

책의 앞쪽에서 톱-다운 방식으로 목표를 설정해야 한다는 이야기를 했다. 먼 미래의 목표를 세우고, 그것을 쪼개서 지금 할 수 있는 목표로 만들어 관리하라고 말이다. 이를 위해서 '미래의 나는 어떤 사람이 되고 싶은가'를 알기 위해 다섯 가지 질문에 답을 적어 보자고 했다.

그것을 기준 삼아 10년~15년의 가까운 미래로 범위를 좁히는 것이 다음 과정이다. 막연하고 큰 목표를 좀 더 구체적인 것으로 정리해 보는 것이다. 이때 숫자를 넣어 구체화하는 것이 좋다. 그래야 다음 단계에서 목표를 다시 5년, 1년 단위로 좁혀갈 때 측정과 평가가 쉽다.

시간 관리와 다이어리 쓰기 강의를 할 때 참여하는 분들이 꿈꾸는 미래를 적어놓은 걸 보면 모습은 서로 다르지만 공통점이 있었다. 바로 건강, 편안한 공간, 소중한 관계, 마음의 여유를 추구한다는 점이다. 그걸 보면 사는 데 많은 것이 필요하지는 않다는 것을 생각하게 된다.

살면서 소위 '금수저', '은수저'를 물고 태어났다는 사람들을 접할 일이 있었다. 그냥 '흙수저'도 아니고 티스푼 수준의 흙수저를 물고 태어난 내가 보기에는 부족함이 없어 보이는 사람들이었다. 하지만 몇 년을 지켜

> **미션 2**
>
> 행복 기준을 구체화하기
>
> 1. 미션1을 종합해서 미래에 되고 싶은 내가 되기 위한 딱 한 가지 목표를 정한다.
> 2. 숫자를 넣어 구체화한다.
> 3. 구체화한 목표를 달성하기 위해 가장 필요한 준비물 세 가지를 정한다.

보면서 알게 되었다. 수입과 지출에 0이 한두 개 더 있다 뿐이지 사람이 살면서 하는 고민은 비슷하다는 것을. 누구나 돈 쓸 일은 많은데 버는 건 부족해서 걱정이다. 이에 더해 부모 건강 걱정, 자식 성적 걱정…. 다들 자신들은 평범하고 아등바등 산다고 말한다.

나보다 위쪽만 쳐다보면 나의 모자란 점만 보이는 것 같다. 플라톤은 행복의 다섯 가지 조건을 다음과 같이 이야기했다.

행복의 다섯 가지 조건
1. 먹고 입고 살고 싶은 수준에서 조금 부족한 재산
2. 모든 사람이 칭찬하기에는 조금 부족한 외모
3. 자신이 생각하는 것에서 절반만 인정받는 명예
4. 남과 겨루어 한 사람은 이기고 두 사람에게는 지는 체력
5. 연설했을 때 청중의 절반에게만 박수를 받는 말솜씨

이를 보면 원하는 모든 것이 이루어진 게 행복이라기보다는 부족한 듯 계속 노력해가는 '과정' 자체가 행복이라는 생각이 든다. 나는 지금 미래를 위한 계단을 오르고 있다는 생각이 확실하다면 졸리고 피곤해도 무언가를 실천하게 된다. 계단을 빨리 올라갈 수도 있고 천천히 올라갈 수도 있겠지만, 누구나 첫 번째 계단을 디디면 두 번째 계단도 올라갈 수 있다.

다만, 꼭대기에 올라서 보고 싶은 풍경은 사람마다 다를 것이다. 그러니 다른 사람과 비교하여 나의 목표가 작다, 크다, 혹은 옳다, 그르다를 판

단할 필요가 전혀 없다. 목표를 공개하고 서로를 격려해 간다면 과정이 즐겁고 수월해지리라.

나의 경우는 '하고 싶은 일 하며 평범하게 살기'가 인생 목표였다. 이 목표를 이루기 위해 내가 시도했던 두 가지의 구체적 경험을 사례로 들어 보고자 한다. 첫째는 '평범하게 살기 위해 경제적 목표를 이루는 과정'이고, 둘째는 '하고 싶은 일이었던 책 출간이라는 목표를 이루는 과정'이다. 이 두 가지 목표를 어떤 식으로 달성했는지 앞으로 자세히 이야기해 보려고 한다.

2

경제적 목표 달성에
다이어리를
활용하는 방법

환경 탓을 하지 않고
살아가기 위해

어렸을 때는 막연하게 천문학과나 우주공학과에 가고 싶었다. 중학생 때 책 『코스모스』를 읽고 우주에 푹 빠졌기 때문이다. 옥상으로 올라가 밤하늘을 올려다보는 게 좋았다. 굶기도 하고 전기가 끊기기도 했지만, 그런 고민 따윈 저 광활한 우주에 비하면 아주 작게 느껴졌다.

하지만 고민 끝에 취업이 제일 무난하게 된다는 경영학과에 진학했다. 돈을 벌고 싶었다. 돈이 전부는 아니지만 돈만 있으면 아무것도 아닌 일들을 너무 많이 겪었기 때문이다. 밤마다 일어나는 몸싸움들, 해가 지면 또 어떤 일이 생길지 몰라

조마조마하며 방에서 입술을 깨물던 날들, 수학여행비가 없을 때 눈물을 보이면 질 것 같아 더 독하게 행동하던 날들의 아픔이 모두 그까짓 돈 때문이었다.

그렇게 들어간 대학에서의 하루하루는 아르바이트와 딴 짓의 범벅이었다. 대학생은 할인해준다는 말에 신청한 경제신문을 열독하고, 돈 버는 방법에 대한 책을 읽었다. 무슨 소린지 이해는 못 했지만 일단 읽고, 그 내용을 다이어리에 적어놓고 뿌듯해했다. 주식 소모임이 있기에 들어가기도 했다. 재테크, 절약 관련 인터넷 카페에서 무료 강의가 열리면 달려가곤 했는데 대체로 변액보험 가입을 권유받았다. 그러면서도 뭔가 체계적으로 준비하지는 못했다. 뭔가 해야 할 것 같은데 뭘 해야 할지 모르겠고, 당장 아르바이트를 쉬면 다음 날이 막막하니 방법이 딱히 보이지 않았다.

집안 형편상 동생과 번갈아 가며 학교를 다녀야 했기에 2년을 휴학했다. 그 시간 동안 CPA(공인회계사 자격증)를 따볼까 싶어 학원을 갔는데, 당시 학원비도 집에 부담이었다. 회계 시험에 필요한 계산기도 짝퉁으로 한참 뒤에야 살 수 있었다. 하루 5,000원을 받아서 집에서 나오면 인천에서 서울까지 왕복 차비를 하고 남은 돈으로 점심과 저녁밥을 먹어야 했다. 보통 빵과 우유로 때웠다.

그러다가 한 언니와 친해졌다. 나와 같은 대학생인 그녀는 집안이 상당히 부유했다. 언니는 내 밥을 자주 챙겨주었고 쉴 때면 백화점에 데려갔다. 난 백화점에서 매니저가 손님에게 음료도 주고 소파에 앉아 이야기도 나눈다는 걸 그때 처음 알았다.

부자는 나쁜 사람인 줄만 알았는데 실제로 접해보니 달랐다. 그 언니는 소탈했고, 본인도 능력이 있어 과외 아르바이트로 모은 금액도 상당했다. 어릴 때부터 모은 돈은 부모님의 권유로 부동산에 투자했는데 거기에 지하철역이 생기면서 가격이 급등했다고 했다. 한 번도 내 밥을 사주면서 생색을 내지 않고 뽐내지도 않았다. TV를 보다가 어려운 사람이 나오면 바로 전화를 걸어 돈을 보내곤 했다.

그녀를 보며 여러 생각이 들었다. 돈이란 무엇일까. 그건 나를 나답게 살게 할 수 있는 도구가 아닐까.

나는 원래 친구들이 나오라고 하면 차비와 밥값을 먼저 계산해보고 거절하는 계산적인 사람인가. 100원, 200원 손해 봤다고 짜증이 나는 사람인가. 부당하게 알바비를 못 받고 쫓겨나도 항의할 시간에 얼른 다른 일자리를 알아봐야겠다며 포기하는 사람인가. 어려운 사람이 있으면 내가 더 힘들다며 외면하는 사람인가. 돈 걱정에 치이지만 않았다면, 나는 조금 여유롭고 '쿨한' 사람은 아니었을까.

나는 나를 모른다. 돈 걱정 없이 내 성격대로 살아본 적이 없었기 때문이다.

계속 가난한 사람들에게는 두 가지가 부족하다

나는 중·고등학생 시절부터 꽤 오래 언덕배기 빌라촌 반지하 월세집에 살았다. 자연스럽게 어울리는 친구들도 비슷한 형편이었다. 대부분 착하고 성실한 사람들. 모두 아침부터 밤까지, 무슨 일이든 열심히 한다.

그런데 시간이 흘러도 형편이 나아지는 사람은 별로 없었다. 그 사람들의 소득이 우리 집보다 적은 것도 아니었다. 심지어 지금의 내 남편보다 더 버는 사람도 있었다. '아픈 가족이 있어 병원비가 계속 나가는 걸까?' 했는데 아닌 경우가 훨씬 많았다.

그렇다면 어디서 차이가 생긴 걸까? 한참을 고민하고 관찰한 결과 그들에게는 두 가지가 없다는 것을 알 수 있었다.

첫째, 미래에 대한 방향성이 없다. 매일 먹고 사느라 바쁜데 무슨 미래야, 당장 열심히 살면 뭐라도 더 나아지겠지. 하지만 뭐가 어떻게 더 나아질지 자신도 모른다. 앞으로 무엇을 더 나아지게 만들겠다는 생각이 있어야 다소 얼마라도 저축을 하든 자녀에게 독서를 시키든 할 텐데, 그게 없다. 그렇기 때문에 현재의 작은 기쁨에 쉽게 흔들린다. 빚이 2억 원인데 오늘 돈 2만 원 아껴봐야 티도 안 난다며.

점점 더 작은 집으로 이사를 다녀야 했던 친구도 막상 집에 가보면 없는 게 없었다. 방에 옷이 가득 있는 사람도 있고, 이불이 침대 밑에 몇 채씩 있는 사람도 있고, 그릇이며 냄비가 주방에 꽉 차 있는 사람도 있었다. 몇 만 원 아낀다고 집을 살 수 있는 것도 아닌데 이거라도 못 사면 사는 낙이 없다고 말한다. 그저 그렇게 하루하루를 산다.

둘째, 현재 가진 것에 대한 자각이 없다. 동네에는 매일같이 경찰차가 왔다. 어느 집이든 돌아가며 누군가가 술을 먹고 행패를 부리거나 이웃과 치고받고 싸웠다. 힘든 일상이 버거워서 서로 날이 서 있기 때문이다. 그토록 다닥다닥 붙어 있는 달동네에 교회나 점집이 많았다. 어려움은 무언가에게 빌어 해결되었으면 하고 바란다.

자기는 열심히 사는데 항상 부족하다고 말한다. 그 원인에는 나라 탓, 운이 안 따라 준 탓 등 여러 가지가 있다. 틀린 말은 아니다. 없이 시작하면 어떤 기회도 제대로 잡기 힘들다. 하지만 그로 인해 '어차피 안 될 거야'라는 생각이 무의식에 뿌리 깊게 박혀 있다. 그래서 잡을 수 있는 기회조차 흘려보내 놓고는, 잘된 사람은 운이 좋았다며 시기한다. 어떻게 되고 싶다는 건 있지만 어떻게 해야겠다는 건 별로 없다.

가난한 동네를 비하하냐고? 절대 아니다. 우리 집은 그

동네에서도 최고로 어려웠는데 비하라니. 게다가 동네에는 어렵게 살아도 자식들 잘 키우고 자기 인생에 떳떳하게 사는 사람도 많았다. 내가 하루하루 힘들게 노력하며 생활하는 게 가족들에게 어떤 의미인지 잘 알고 있는 사람들이었다. 그런 사람들은 인상부터 달랐다. 잘 웃고 긍정적이다.

무엇을 위해 어떻게 노력해야 할지 스스로 기준을 세우지 않으면 남의 기준에 맞춰 살게 된다. 타인의 평가에 민감해지고 자신감이 없어진다. 이것이 지나치면 자포자기하게 되고 사회 탓, 남 탓만 하는 사람이 되기 십상이다.

미래에 대한 확신을 갖고, 내가 조금씩 이루어 나가야 한다. 내가 계속해서 기록과 실천을 강조하는 것은 그것이 내가 가장 효과를 본 방법이기 때문이다.

돈이 많고 적음이 중요하지 않다. 마음이 가난한 것이 문제다. 내 행동이 무언가를 이루어간다는 느낌이 중요하다. 그 성취감이 행복과 직결된다고 나는 확신하고 있다.

조급했던 20대의
재테크 흑역사

낮에는 일하고 밤에는 학원에 다녔지만 결국 CPA 시험에 떨어졌다. 내 실력으로는 어차피 떨어질 시험이었지만 환경 때문이라고 핑계를 댔다. 복학해서 조용히 남은 학기를 다녔다.

큰돈을 벌고 싶었다. 대박을 꿈꾸며, 바닥에서 시작해 정상에 우뚝 선 사람들의 수기를 탐독했다. 하지만 뭔가 뚜렷한 방법이 보이지 않았다. 저 멀리 무지개가 보이는데 다가가면 아무것도 없어 허탈한 기분이었다. 여전히 알바비는 생활비로 금방 녹았고 주식에 넣을 돈도 없었다.

그래도 한 번뿐인 내 인생인지라 포기할 순 없었다. 계속 알바를 하며 주식 책을 읽고 기사를 요약하고, 머리로는 이미 이루어진 모습을 상상하며, 아침형 인간이 되고자 노력했다. 어쨌든 할 수 있는 건 그것밖에 없었으므로.

도무지 갈피를
잡을 수 없던 주식투자

6년 만에 대학을 졸업하고 교직원으로 취업했지만 상황은 나아지지 않았다. 월급을 통째로 갖다줘도 집의 빚은 전혀 줄어들지 않았다.

부모님은 이미 신용불량과 주민등록 말소자였고, 큰딸인 내 이름으로 대출이 있었으며, 각종 연체가 누적되어 한때 신용카드 사용이 불가능했다. 아침에 출근해야 하는데 차비가 없어 어머니가 아침부터 급히 이웃에게 돈을 빌리러 갔다. 다행히 교직원이라 학교에서 밥이 나와 굶지는 않았다.

시장통 헌옷 가게에서 주로 출근복을 해결했으며, 겨울

이면 지마켓에서 똑같은 폴라티를 색만 다른 다섯 장을 샀고 치마는 검정, 회색 하나씩을 사 돌려 입었다. 당장 힘든 건 괜찮은데 이대로라면 미래가 없다는 생각이 나를 괴롭혔다.

그사이 없는 돈을 쪼개 주식에 투자했지만 갈피를 못 잡고 있었다. 장은 좋았으나 주식투자는 정확히 무엇을 기준으로 해야 할지 확신할 수 없는 단계였다.

처음엔 사놓은 주식이 다 올라서 내가 천재인가 싶다. 좀 있으면 남들 건 이만큼 오르는데 내 건 요만큼 오르면 그건 번 것도 아니고 오히려 마이너스라는 생각이 든다. 재무의 건전성이 꼭 상승을 내포하는 것도 아니었고, 미래의 가능성을 점치자니 내가 상상한 정도는 남들도 이미 상상해서 선반영되어 있거나 그나마도 틀리기 일쑤였다.

책이나 카페 글들을 찾아보면 차트를 보며 단타를 쳐야 빠르게 돈을 벌 것 같다. 하지만 한편으로는 단타로 100번 벌어도 한 번에 다 날리면 말짱 꽝이라고 한다. '단 한 번의 실수도 안 할 자신 있냐'고 하면 대답할 수 없었다. 우연히 한 리딩방 운영자가 애송이라는 것을 알게 되었을 때 내가 좋은 종목을 보는 눈도 없지만, 실력자를 구별할 능력도 없음을 깨닫게 되었다.

그럼 대안이 뭔가 하면 저평가 우량주를 찾아 분할 매수하여 장기보유하는 것이었다. 그러나 우량하면 저평가되어 있지 않았고, 저평가되어 있으면 내가 팔 때도 저평가였다. 애초에 소액인데다 급하게 돈 뺄 일이 자주 일어나는 내 상황에는 맞지 않았던 것이다. 여윳돈을 넣고 잊어버리라는데 차비가 없는 상황에 돈에 여유가 있을 리가 없었고, 적금보다 조금 더 번다 생각하며 마음을 비우라는데 내 상황에 그렇게 느긋하기란 힘들었다.

한마디로, 돈은 크게 벌고 싶은데 핑계는 많고 공부는 적게 했다. 당연히 전혀 결과를 얻지 못했다.

유명한 사람만 따라다녔던
부동산 투자

그러던 중 돈 버는 방법에 대한 책을 찾다가 경매와 부동산 책을 읽게 되었다. 『나는 쇼핑보다 경매가 좋다』를 인상 깊게 보고 다른 책도 있나 계속 찾아보게 되었다.

내가 교직원으로 근무하던 2007~2008년은 부동산 급상승기였다. 대학생 때부터 쭉 신문을 보고 재테크 카페를 들락거리던 습관이 있었기에 전부터 '버블세븐'이며 '한강 르네상스' 등 부동산이 심상치 않다는 걸 느끼고 있었다. 계속되는 상승에 사람들은 확신에 차 있었고 규제에도 아랑곳하지 않았다.

부동산은 불패(不敗)이므로 노력하면 부자가 된다는 성공담이 쏟아졌다. 듣자 하니 적은 돈으로도 시작할 수 있다고 했다. 다들 시작만 하면 남들과 다른 부자가 된다고 하기에 나는 희망을 가졌다. 39세에 100억 부자가 되었다는 사람의 강의를 시작으로 강의도 쫓아다녔다. 강의 내용에 의구심이 생겨도, 강의 중간에 강연자가 갑자기 노래를 불러도 '아, 남들과는 달라야 누구보다 빠르게 부자가 되는구나' 하고 수긍했다. 봉고차 타고 임장을 한 번 나갈 때마다 몇 만 원을 냈다.

종잣돈이 없으니 다녀봤자 뭐하냐는 자괴감도 들었지만, 의심하면 안 된다고 해서 틈만 나면 내가 바라는 미래의 모습을 생생하게 상상했다. 꿈은 시각화를 해야 한다고 해서 타워팰리스와 샤넬 가방 사진을 오려 붙여 벽면에 '비전 보드'를 만들고 '100억'이라고 써두기도 했다.

이렇게 열심히 사는데 성공하지 않을 리 없다고 확신했다. 잘은 모르겠지만 간절하다면 어쨌든 기적은 일어나겠지. 나보다 부자인 사람들이 그렇다고 했으니까.

넣기만 하면 오른다던 친디아 펀드, 브릭스 펀드에 부모님 몰래 월급의 일부를 떼어서 넣으며 의기를 다졌다. 주식 직접 투자로는 딱히 재미를 보지 못했으니 전문가가 운용해주는 펀드가 왠지 더 좋을 것 같았다. 월급을 200만 원을 갖다 박나 300만 원을 갖다 박나 빚은 줄어들지 않으니 열심히 모아서 한방 크게 벌어 한꺼번에 갚겠다는 생각이었다.

20대 후반, 망했다

그리고 그날이 찾아왔다. 2008년 가을, 리먼브라더스 파산. 처음엔 그게 무슨 의미인지 몰랐다. 더욱이 나와 어떤 관계가 있는지도 몰랐다. 시간이 흐르면서 펀드는 폭락했고 투자 강사들은 사라졌으며 호기롭게 그만둔 직장은 1년 가까이 재취업이 되지 않았다. 2009년의 나는 이런 모습이 됐다. 곧 서른을 앞둔 여자 + 빈털터리 백수 + 남친 없음.

낮에는 아르바이트를 하면서 밤에는 이력서를 넣었다. 그리고 계속 생각했다.

뭐가 잘못된 걸까. 내가 뭘 잘못한 걸까.

고민 끝에 허황된 비전 보드부터 찢어버렸다. 거기에 붙어 있는 건 누구의 욕망이었던 걸까. 사람들이 다들 100억이라고 하니까 그냥 나도 100억이라고 써놨던 것은 아닐까. 내가 진짜 원하는 집이 타워팰리스였을까.

내 자리에서 목표까지 가는 길이 너무 머니, 거기까지 가는 과정에 대해서는 어떤 구체적인 계획도 세워보지 않았던 건 아닐까. 나에게 목표란 정말로 이루기 위한 것이 아니라 그저 현실을 잊는 마취제였던 것은 아닐까.

지난 기록에서
재테크의 방향을 찾다

　어디서부터 잘못된 건지 알고 싶어서 지난 다이어리를 뒤졌다. 못 알아먹어도 적어놨던 기사, 강의 후기, 책 내용들. 그런데 모아서 읽다 보니 어떤 패턴이 있다는 것을 알게 되었다.

　첫째, 큰돈을 벌려면 사업을 해야 한다. 투자는 몇 배를 벌게 해주지만 몇 십 배, 몇 백 배 버는 사람은 사업하는 사람이라는 걸 알게 되었다. 사업은 아이템 선정보다 시스템 구축이 중요하다. 다른 사람의 시간을 사서 일정한 결과물을 지속적으로 뽑아낼 수 있는 시스템. 그다음으로 자영업자가 돈을 번다. 자영업은 아이템이 중요하고 사장이 직접 일하며 일한 만큼 가져가는 구조다. 시스템 구축 전까지는 대부분 자영업자다.

대학 때 동네 떡볶이 트럭에서 아르바이트를 했던 기억을 더듬어 떡볶이 트럭의 수익을 따져보니 아무리 적어도 웬만한 회사원보다는 많이 번다는 걸 알게 되었다. 더 중요한 게 있다. 트럭 하나가 일정 궤도 위에 오르면 바로 2호, 3호를 내지만 회사원은 몸을 두 개, 세 개로 만들 수 없다. 그러니 어느 정도가 되면 격차는 더 벌어진다는 것을 깨달았다.

문제는 리스크였다. 이건 일종의 게임과 같다는 생각이 들었다. 한 번에 1,000원씩 베팅하되 당첨 확률에 따라 옵션이 달라지는 게임. 당첨 확률 100퍼센트일 때는 한 사람당 1,100원씩이 돌아가지만, 당첨 확률 30퍼센트일 때에는 당첨되었을 때 1만 원씩 가져가고, 당첨 확률이 1퍼센트일 때에는 당첨되었을 때 100만 원을 받아 가는 게임이다. 그럼 판돈이 1,000원밖에 없는 사람은 무엇을 선택해야 할까?

처음부터 과감하게 30퍼센트 확률 게임에 도전할 수도 있다. 당첨만 된다면 한 번에 판돈 1,000원은 1만 원이 될 수 있지만 전 재산을 날린 70%의 사람들은 조용히 사라진다.

확률을 높이려면 100% 게임을 여러 번 할 수도 있다. 100원씩 90번을 벌어서 판돈을 1만 원으로 만든다. 고생스럽긴 하지만 계속 게임을 할 수 있다는 장점이 있고, 그 과정에서 게임의 룰을 익힐 수 있다.

이 방법으로 판돈이 1만 원이 되면 이제 30%의 게임을 1,000원씩 열 번 시도할 수 있다. 그중 세 번이 터지면 3만 원이 된다. 그리고 이걸 몇 번 더 반복해서 판돈 10만 원을 만들면 이제 1% 게임을 1,000원씩 100번 시도할 수 있다. 100번 중에 한 번만 터져도 바로 100만 원을 벌게 되는 것이다.

'꾼'이 아닌 보통 사람들은 1,000원 넣고 1,100원을 받으면 '이것도 괜찮은데?'라며 익숙한 게임을 반복한다. 이것이 바로 회사원의 삶이다. 그런 삶을 사는 것도 충분히 괜찮다고 생각한다. 소소하지만 안정적인 수익을 원했던 거라면 그 게임으로도 충분히 얻을 수 있고, 그 게임이 마음에 들고, 그 게임 외 시간이 만족스러울 수 있다. 하지만 그 이상을 원하는 사람은 30% 게임, 1% 게임으로 계속 이동해야 한다. 중요한 건 내가 어떤 목적을 갖고 이 게임에 임하고 있으며 내 성향은 어떠한지 살펴보는 것이라는 생각이 들었다.

시기에 맞춰 유연한
재테크가 필요하다

둘째, 주식과 부동산은 둘 다 해야 한다. 가끔 주식 쪽에서는 부동산이 돈을 묶어놓는다며 싫어하고, 부동산 쪽에서는 변동성이 크다며 주식을 싫어하는 모습을 본다. 하지만 살펴보니 내 집, 내 건물 없는 부자 없고 주식을 보유하지 않은 부자도 못 봤다.

하물며 수입이 쥐꼬리만 한 서민은 돈을 벌 방법이라면 가릴 것 없이 둘 다 시도하는 게 당연하다. 주식은 경제에 관심을 갖게 해주고 변화를 민감하게 파악하게 도와주니 좋고, 부동산은 살면서 반드시 한 번 이상 거래를 하게 되는 생필품이니 교양이 아닌 필수로 공부해야 할 지식이라고 판단했다.

다만 닥치는 대로 책을 읽고 공부할 땐 몰랐는데 지나고 다시 훑어보니 패턴이 있었다. 어떤 시기에는 닷컴버블이 일었고, 어떤 시기에는 IMF 때 헐값에 사들였던 부동산이 상승해 돈 벌었다는 책들이 나왔다. 어떤 때는 당진 등 지방의 토지를 산 사람의 책들이 나왔다. 어떤 시기에는 절약·저축 책이 쏟아지고, 어떤 시기는 펀드 제대로 알고 넣으라는 책이 쏟아지고, 어떤 시기에는 빌라 경매 책이 쏟아졌다. 통장 쪼개기나 연금을 바탕으로 한 재무설계 책이 유행하던 시기도 있었다.

재테크 시장에도 트렌드와 사이클이 존재했던 것이다. 한 분야의 전문가가 되기보다 적당히 그 시기에 맞는 투자법을 활용해 돈을 불려 나가는 방법이 나 같은 일반인에게 도움이 되리라 판단했다.

가장 중요한 건 쌀 때 사서 비쌀 때 파는 것. 일생에 몇 번 찾아오는 싼 시기를 놓치면 안 된다는 것. 그러기 위해서는 이게 싼 건지 아닌지 판단을 할 수 있는 능력이 있어야 한다.

하지만 주식도 부동산도 특별한 일정 수준 이상의 기술을 습득하기 전까지는 재테크일 뿐 주 수입원이 되어서는 안 된다. IMF 사태와 금융위기를 지켜보니 월급만 믿고 있는 월급쟁이도 위험하고, 호황기 때의 결과만을 보고 실력을 과신했던 전업투자자들도 위험했다.

살면서 돈을 모으는 과정은 수도꼭지를 틀어 대야에 물을 받는 것과 같다는 생각이 들었다. 월수입은 틀면 물이 나오는 수도, 주식이나 부동산 등의 재테크는 물을 저장해놓는 대야와 같다. 꾸준한 현금흐름과 재테크는 둘 다 균형 있게 가져가야 한다. 관찰 결과 최고의 경우는 자기 사업을 통해 수입을 늘리고, 그걸 주식과 부동산에 담아놓았던 사람이었다. 반면 가장 좋지 않은 경우는 물이 조금 차기만 하면 수도꼭지를 잠그고 받아놓은 물을 쓰며 살겠다는 사람이었다.

재테크의 목표를 구체적으로 생각해보자

셋째, 너무 많은 돈은 오히려 자유를 빼앗는다. 친구들의 모습을 보니 어느 정도가 되면 사는 모습은 비슷했다. 가끔씩 지방으로 여행가나 해외로 여행가나, 혹은 인터넷에서 옷 사 입나 백화점에서 옷 사 입나 정도의 스케일의 차이만 있을 뿐 생활패턴이나 고민은 비슷하다는 걸 알게 되었다. 건강 걱정, 노후 걱정, 자녀 걱정, 직장생활 걱정….

욕심은 끝이 없는데 그걸 채우려고 계속 더 많이 벌려고 아등바등하다가는 모든 선택의 기준이 돈이 되어버린다. 여유롭게 살려고 돈을 버는 것인데, 돈을 버느라 여유로울 틈이 없다. 그렇게 살다 보면 한 개그맨의 말처럼, 자기가 보기엔 다 부자 같은데 10억 부자는 30억 부자에게 굽신거리고, 30억 부자는 50억 부자에게 열등감 느끼고, 50억 부자는 100억 부자를 따라잡으려 애쓰다가 죽을 것 같았다.

그렇게 과거의 다이어리를 뒤져보던 마이너스 인생의 20대 후반 여자 백수는 결심했다.

- 일단 어느 곳이든 취직해서 현금흐름을 확보하자.
- 얼마라도 절약, 저축해서 어떻게든 종잣돈 1,000만 원이라도 다시 모으자.
- 되든 안 되든 창업과 주식과 부동산은 계속 시도해야 한다.

사이클은 돌고 돈다. IMF 사태가 누군가에겐 기회였던 것처럼 당시의 금융위기가 기회일지도 모른다고 생각했다. 기회인 것을 모르는 것도 안타깝지만 제일 무서운 것은 기회임을 알아도 돈이 없어 아무것도 못하는 것이다.

　내가 진짜 원하던 목표는 '평범한 인생'이다. 앞으로는 남들이 뭐라든 그것만 보며 살겠다. 새롭게 결심을 한 후 그동안의 다이어리는 모았던 자료와 함께 싹 버렸다.

서른 살,
다시 목표 설정부터 시작

　스물아홉 살의 겨울, 어쩌다 보니 결혼을 했다. 우리 집 사정 다 알고도 개의치 않아 하던, 길에서 구걸하는 사람을 만나면 몇 만 원씩 쥐여주던 동갑내기 남자친구. 돈이 많지도 적지도 않게 평생 굴곡 없이 살아온 모습이 신선했다. 사귄 지 한 달 만에 결혼 이야기가 나왔고, 입사한 지 얼마 안 됐지만 2,000만 원을 모았다며 그걸로 결혼하자고 했다. 나는 원룸도, 빌라 월세도 괜찮다고 했더니 진짜 일이 진행되기 시작했다.

　재미있는 것은 신혼집이다. 시아버지가 오래전에 돈을 빌려줬다가 못 받아서 대신 가져온 작은 아파트가 있었다. 인천의 17평짜리 복도식 아파트인데 서류를 보니 당시 시세는 4,000만 원이 좀 안 되었고 1,000만 원 대출이 껴 있었다.

1989년에 만들어져 녹물이 나오던 이 아파트는 어느 날 7호선이 집 앞에 생긴다는 소문에 갑자기 가격이 두 배가 넘게 뛰었다. 이에 시아버지는 팔기 아깝다며, 어차피 싸게 월세 주던 집인데 지하철 생길 때까지 신혼집으로 쓰라고 남편에게 주었다. 이걸 보고 정말 부동산은 갖고만 있으면 어떻게든 돈이 되는구나 실감할 수 있었다.

그렇게 결혼식을 끝낸 우리 부부의 자산은 순자산 9,000만 원(아파트 1억 원, 대출 1,000만 원), 통장 잔고 0원이었다. 마이너스 인생에서 장족의 발전이었다. 월급은 둘이 합쳐 400만 원. 남편은 IT 개발자이고 나는 이전의 경력을 인정받지 못해 바닥부터 다시 시작하는 중이라 월급이 아주 적었다.

그냥 평범하게
살고 싶을 뿐인데

한 달이 지나니 고지서가 하나둘 날아왔고, 가계부를 써보니 생활비가 어디로 얼마나 나가는지 파악할 수 있었다. 결혼 후 둘째 달, 이제 막 서른 살이 된 우리는 가계부를 들고 앉아 목표를 세웠다.

"자기야, 자기네 회사 팀장님은 몇 살이셔?"

"마흔다섯 살인가 그럴걸?"

"우리 회사 팀장님은 40대 초반이고 본부장님은 마흔세 살인데…. 팀장 못 되고 나간 선배들은 뭐하고 살아?"

"글쎄? 회사 앞 치킨집 사장님들이 우리 회사 개발자 출신이라고 하긴 하더라."

"…"

우리가 지금 서른 살이니까 은퇴 압박을 받는 마흔다섯 살까지 남은 시간은 15년. 그동안 열심히 벌면 백 살까지 55년을 먹고 살 수 있을까? 불안감이 엄습했다.

둘은 일단 하고 싶은 일 리스트를 적었다. 공통으로 나온 항목은 아기 낳기, 집 20평대로 이사하기. 남편이 차를 사고 싶다고 적긴 했지만, 곧바로 "차는 돈 잡아먹는 기계라 우리 형편에 안 된다"고 딱 잘랐다. 남편은 술, 담배도 안 하고, 친구 만나는 것도 귀찮아하고, 딱히 다른 취미도 없으며, 허세가 없는 게 큰 장점이다. 항상 반발 없이 수긍해줘서 고맙다.

적다 보니 우리는 그저 아이 한두 명과 작은 집에서 알콩달콩 살다가 대학 보내고, 시집 장가 보내고, 둘이 나이 먹으면 맛집 투어 다니는 게 꿈이었다. 한 달 생활비가 얼마나 있으면 우리 가족이 그렇게 살 수 있을까?

가계부로 월 생활비 필요 금액을 도출하고, 필요 항목에 우선순위를 매겨보았다. 가계부를 보며 씀씀이를 점검해보니 집 대출을 상환하지 않고 저축을 안 한다는 가정 하에 월 200~300만 원이면 풍족하진 않아도 쪼들리진 않을 것으로 예상됐다.

그리고 국민연금 사이트에 접속해서 남편이 마흔다섯 살에 회사를 그만두는 걸 가정하여 노후에 받을 연금 예상 수령액을 조회했다. 몇 십만 원이 채 되지 않았다. 60대 이후에 수입은 더 줄고 병원비는 더 필요하게 되면 국민연금 포함 월 100만 원 정도는 연금으로 받아야 할 것 같았다. 인터넷에 '연금계산기'를 검색해서 계산해보니 그렇게 하려면 국민연금을 제외한 노후연금을 최소 1억 원 정도 넣어놔야 한다는 결과가 나왔다.

그럼 마흔다섯 살 퇴직 이후 60세에 연금이 나오기 전까지 월 200만 원은 어떻게 만들어야 할까. 상가를 하나 사서 월세를 받는다 치고 수익률을 6퍼센트로 잡으니 역산하면 4억 원이 필요했다.

지금부터 15년 동안 받을 월급으로 이 돈을 계산해보니 턱도 없다. 어? 남들 다 이렇게 사는 거 아니었어? 계산할수록 깨달았다. 제일 안전하지 않은 선택은 젊을 때 아무것도 하지 않는 것이라는 걸.

15년 후의
장기목표 설정하기

돈은 한정적이고 하고 싶은 건 많으니 우선순위를 정하기로 했다. 다행히 취향이 비슷해 포기하는 항목이 금방 정해졌다.

일단 아이들 교육과 대학 진학과 결혼 비용. 젊었을 때 이 돈 대느라 늘그막에 거지가 되느니, 우리가 잘 살아서 자식들에게 폐를 안 끼치는 게 먼저라는 생각이 들었다. 다음은 여행. 우리는 둘 다 집돌이 집순이라 원래 여행을 잘 안 가기도 했고, 다녀오면 피곤해서 다시 쉬어야 충전이 되는 스타일이었다. 정리하면 차, 교육, 여행은 포기.

대신 집중하고 싶은 것은 퇴직 대비였다. 남편은 그나마 15년 재직이 가능하지만, 내가 다니는 회사는 여직원의 수명이 짧았다. 일이 힘들어 유산, 조산을 하는 경우도 꽤 있었고 아이 키우다 못 버티고 그만두는 사람들이 꽤 있어 여직원의 비율이 낮았다.

예전부터 드라마에서 제일 싫은 장면이 있었다. 회사에

서 잘린 가장이 출근하는 척하고 나가 공원에서 울고 있으면, 우연히 알게 된 가족들이 모르는 척 연기하며 안타까워하는 부분이었다. "서로 대화 안 해? 아빠만 믿고 아무 대책이 없어?"라고 속으로 소리 지르곤 했다. 나의 퇴직도, 남편의 퇴직도 대책이 필요했다.

내가 꿈꾸는 미래의 모습은 '평범함'이었다. 넓지도 좁지도 않은 집에서 고기를 팍팍 씹을 건강한 치아와 적당한 몸매를 지닌 채, 남편과 아들과 삼겹살 구워 먹고 싶다. 고기 먹었으면 커피로 입가심해야 하니까 남편과 손잡고 슬슬 산책하며 커피숍에 가고 싶다.

삼겹살을 강남 아파트에서 먹으면 행복하고, 시골집에서 먹으면 안 행복할까? 커피를 호텔에서 먹으면 행복하고, 동네 카페에서 먹으면 안 행복할까? 생각해보니 아니었다. 아마 많은 사람이 비슷할 거라 생각한다. 노후에 가족과 함께 매년 여행 한 번씩이 목표인 사람이라면, 유럽을 가야만 행복하고 동남아로 가면 안 행복할까?

그렇게 생각하니 내가 바라는 미래를 만들기 위해 필요

한 준비물의 윤곽이 잡혔다. 그래, 우리 가족의 행복 기준은 안정과 평범이야. 그러기 위해선 뭐가 필요할까. 정리해보니 이랬다.

내가 원하는 삶

- 넓지도 좁지도 않은 집
- 근처에 커피숍이 있을 만한 거주 지역
- 삼겹살과 커피를 부담 없이 살 수 있는 돈
- 건강한 몸과 치아
- 사이좋은 가족

이중 '건강한 몸'과 '사이좋은 가족'은 이미 가진 것을 유지하면 된다. 따라서 목표를 세울 때는 가지지 못한 것들, 즉 집과 돈을 마련하는 데 주력하기로 했다.

이 내용을 다이어리에 적기 시작했다. 집, 지역은 인천이고 큰 집도 필요 없으니 3억 원. 생활비를 위한 자금은 아까

계산한 대로 4억 원. 난 아주 안전을 추구하는 성격이므로 대출을 고려하지 않은 최소한의 금액으로 계산했다. 그 결과 다이어리 제일 첫 페이지에는 이렇게 적었다.

45세(15년 뒤) 목표

- 총 순자산 8억 원
  = 집 3억 원 + 상가 4억 원 + 연금 1억 원

숫자를 이용해서
구체적인 목표를 적어보기

숫자는 목표이자 성과 측정의 도구가 된다. 막연히 아침에 일찍 일어나겠다는 목표보다 '새벽 다섯 시 기상'이라고 하거나, 부자가 되겠다는 목표보다 '순자산 30억 원'이라는 식으로 숫자를 넣어 구체화하면 내가 어디까지 왔는지 알 수 있고 평가 기준이 명확해 달성 가능성이 높아진다.

15년 후의 목표를 이루기 위해 구체적으로 몇 살까지 무엇을 얼마나 준비해야 할까를 계산해보았다. 계산이 복잡하면 미리 포기하기 쉬우므로 물가상승분은 소득상승분으로 상쇄될 것을 가정했다.

숫자로 목표 구체화하기

- 30세부터 남편 퇴직 예상 시점인 45세
  = 근무 가능 기간 15년

- 시댁과 친정이 모여 있는 인천의 24평 아파트 가격
  = 3억 원

- 월 200만 원의 안정적인 월세 소득을 위한 상가의 가격
  = 4억 원

- 노후연금 100만 원을 위한 적립액
  = 1억 원

이렇게 현재가치로 '최소 순자산 8억 원'을 준비하기로 했다. 숫자를 하나씩 넣어보자 모호했던 모습이 구체적으로

다가왔다.

　얼마를 벌든 소득이 지출보다 적으면 가난한 사람이고 소득이 지출보다 많으면 부자라고 생각한다. 여기까지만 준비하면 그 후로는 지출을 통제하고 스스로를 부자라 여기기로 했다. 그 이후에는 가족 모두 각자 진짜 하고 싶은 일을 하며 소소히 자기 몫을 벌기로 약속했다.

실 전   **목표를 설정할 때 반드시 고려할 세 가지**

대학 졸업 후 얻게 된 첫 직장은 한 대학의 교직원이었다. 그곳에서 연말을 앞두고 예산을 수립하는 업무에 참여하게 되었는데 그 과정에서 많은 것을 배울 수 있었다.

매년 신입생의 수와 등록금이 정해져 있으니 총 예산은 한정되어 있다. 1년이라는 시간과 각 부서의 직원도 정해져 있으니 자원도 한정되어 있다. 각 부처에서 1년간 시행할 프로젝트들과 필요 경비 리스트를 모두 받은 후 회의를 거쳐 학교의 목표와 우선순위에 맞게 일부를 선발한다. 한정된 범위 내에서 최대한의 효율을 찾아내는 일이었다.

이 경험을 바탕으로 금융 IT 회사의 PMO 파트로 이직을 했다. PMO(Project Management Office)는 회사 전체의 프로젝트들을 관리하면서 진행 상황과 이슈 등을 보고하는 업무다.

우리 파트가 하는 일을 간단히 설명하면 이렇다. 회사는 5년 안에 달성할 목표가 있고, 그걸 위해 올해 이뤄내야 할 매출 목표가 있다. 정해진 기간과 인력을 어떻게 활용해 어떤 프로젝트들을 진행할 것인지, 또 그로 인한 매출과 비용이 얼마나 소요되는지 1년에 한 번 부서별로 취합한다.

취합한 프로젝트들을 하나하나 점검해 우선순위를 정하고, 회사 목표와 부서별 인력에 맞춰 조정한 후 1년간 직원들이 해야 할 일을 확정한다. 그게 부서별·개인별 KPI(Key Performance Indicator, 핵심성과지표)가 된다.

그럼 각 프로젝트의 담당자는 일을 쪼개 어떤 일부터 어떤 순서로 할 것인지 계획을 짜고 각 개인에게 배분한다. 그리고 매주 계획에 맞게 잘 진행되고 있는지, 산출물은 제때 나왔는지 알려주면 우리 부서가 전체 프로젝트를 취합해 경영진에게 보고한다. 상반기가 지나면 잘 안 되는 부분은 점검하고 새로운 이슈를 반영해 추경을 집행한다.

언뜻 복잡해 보이지만 큰 방향을 1년에 한두 번 설정하고 그것을 잘게 쪼개는 것이다. 직원 개인으로 보면 그날그날 배정된 업무에 집중하기만 하면 목표는 달성된다.

이 업무를 하면서 어떤 일이든 계획을 세울 때 꼭 필요한 세 가지를 깨닫게 되었다. 내가 투입할 수 있는 '시간', 달성을 완료할 '마감일' 그리고 '예산'이다. 회사에서 그랬던 것처럼 이 세 가지를 고려해 내 인생의 계

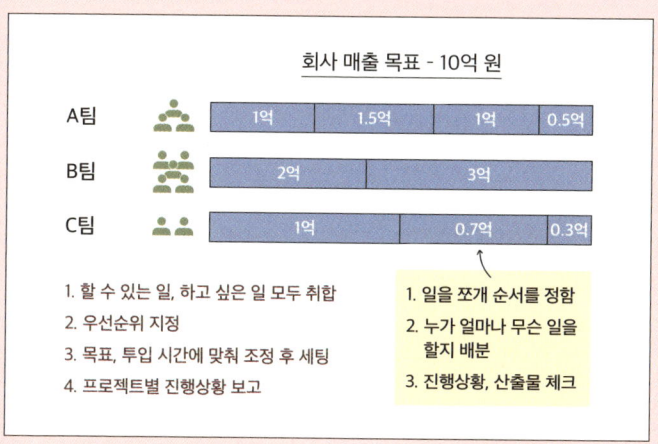

획을 짠다면 체계적이고 효율적인 관리가 가능하겠다는 생각이 들었다.

그 후 무언가를 해내고 싶다는 생각이 들면 어떤 결과물을 얻을 것인지, 내가 여기에 얼마의 시간을 들일 수 있는지, 언제까지 해낼 것인지, 돈은 얼마나 들어갈 것인지를 고려하기 시작했다. 시작할 때만 열심히 계산하면 하루하루 할당된 작은 일만 집중해서 끝내면 되기 때문에 훨씬 간편했다. '이게 맞나, 할 수 있을까' 고민하는 데 에너지를 쏟지 않고 하루

하루 주어진 퍼즐만 맞추면 나중에 그림이 완성되어 있을 것이라 안심할 수 있기 때문이다.

내가 투입할 수 있는 '시간'을 꼭 계산하자

새해 목표가 안 지켜지는 것은 투입 시간 계산을 안 했기 때문인 경우가 많다. 이루고 싶은 목표도 있고 해야 할 일도 정했는데, 거기에 들어갈 시간을 한번 적어보라고 하면 그제야 24시간이 부족하다는 사실을 깨닫곤 한다.

예를 들어 막연히 올해는 부동산과 주식 공부를 해서 그걸로 수익을 올리고, 영어 공부도 하고, 블로그에 '1일 1 포스팅'을 하고, 유튜브에도 도전해보고, 책 100권을 읽겠다는 계획을 세웠다고 해보자. 그렇게 한 달 정도 지나고 나면 '한 것도 없는데 시간만 지났네. 내가 간절함이 부족한가'라는 생각이 들며 자괴감을 느끼고 아예 포기하게 된다.

하지만 하루 일과를 먼저 다이어리에 쭉 적어보면 내가 업무와 육아를 하면서 남는 자투리 시간이 얼마가 되는지, 더 만들어 낼 수 있는 시간은 얼마나 되는지 파악할 수 있다. 책을 한 권 읽는 데 4~6시간이 걸리고 그걸 정리해서 포스팅을 작성하는 데 두 시간이 걸린다고 한다면, 하루 두 시간씩을 책 읽기에 투자해야 1년에 100권 읽기라는 목표 하나가 겨우 실현 가능하다는 걸 알 수 있다.

이런 현실을 깨닫게 되면, 저 많은 목표 중에 어느 걸 먼저 이룰 것인지를 선택하게 된다. 그러고 나면 일정 시간을 확보하기 위해 노력해야 한다. 그렇게 함으로써 목표를 달성할 확률이 높아진다.

목표를 쪼개면
달성이 쉬워진다

　서른 살 순자산 9,000만 원, 월 400만 원의 인생에서 마흔 다섯 살에 순자산 8억 원으로 바뀌려면 15년 동안 매월 얼마를 모아야 할까. 단순하게 나눠보니 1년에 4,700만 원씩 저축하면 된다. 그런데 그러면 우리 월급을 한 푼도 쓰지 말고 통째로 모아야 하는데? 거기다 아이를 낳고 내가 휴직이나 퇴직하게 되면 불가능한 금액. 그렇다고 시작도 하기 전에 포기할 수는 없으므로, 일단 8억 원이라는 목표를 5년 단위로 쪼개서 다이어리에 적어보았다.

나의 5년 단위 목표

- 35세에 3억 원
- 40세에 5억 원
- 45세에 8억 원

당시 우리 부부의 총재산은 신혼집 9,000만 원이 전부였다. 이걸 감안해서 쪼개다 보니 35세가 시작된 시점에 3억 원은 있어야 할 것 같았다. 역시나 1년에 4,000만 원씩은 모아야 서른다섯 살에 2억 원이 생긴다는 계산이 나왔다.

일단 '35세 순자산 3억'을 목표로 방법을 찾아보기로 했다. 이를 위한 구체적 실천과제는 두 가지다.

첫 번째로는 저축하며 종잣돈 모으기. 두 명의 월급 합계는 400만 원. 아무리 아낀다고 해도 1년에 4,000만 원 모으기는 힘들고, 내가 육아휴직이라도 들어가는 순간 불가능해지는 숫자였다. 하지만 나이 들어 편안한 집에서 삼겹살 구워 먹는 꿈을 포기하고 싶지 않았다. 그렇다면 지출을 줄이는 것에 더

해 소득을 늘리는 방안을 고민해야 한다.

두 번째는 월급 외 수입 만들기. 흔히 파이프라인이라 불리는 월급 외 수입은 막연하게 그런가 보다 싶은 우화가 아니었다. 목표를 잡은 우리에겐 하루라도 젊을 때 빨리 시작해야 할 현실적 과제였다.

일단 남편은 회사에 매진해 월급을 착실히 벌어 현금흐름을 확보하기로 했다. 그 후로 10년이 지났지만 남편은 정말 성실하게 일했다. 보통 이직할 때 몇 달 쉴 법도 한데 2월 28일까지 출근하고 3월 2일에 새 직장에 나갔다.

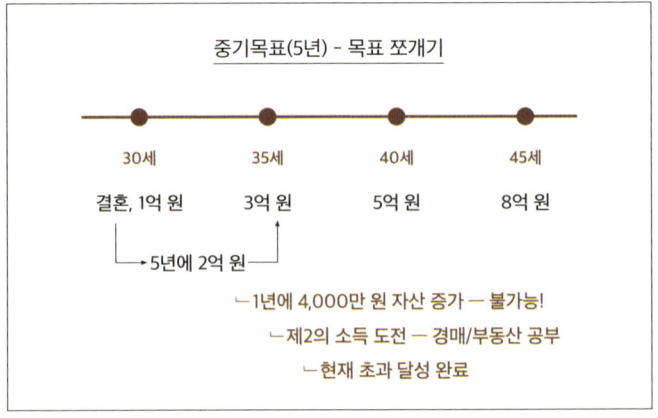

나는 일단 비정규직이었던 내 직장을 정규직으로 전환하기로 했다. 그리고 기존에 배웠던 재테크 지식을 활용해 부수입을 얻기로 했다.

그래서 2011년, 나는 회사 근처 부동산 경매학원에 등록했다. 2011년은 수도권 부동산 시장의 하락기가 진행 중이었다. 다들 부동산 시장은 끝났다고 말하던 시기라, 사놓고 상승을 기대하는 투자를 할 수는 없었다. 대신 지금 당장의 시세보다 싸게 살 수 있다는 경매 강의에 사람들이 몰렸다.

회사는 밤 아홉 시에 퇴근하면 정시퇴근이라 부를 정도였고 열 시, 열한 시 퇴근이 일상적인 바쁜 곳이었다. 학원이 바로 옆 건물이라 주중에는 야근 중에 살짝 빠져나와 경매 수업을 듣고 다시 복귀했다. 주말에는 남편과 부동산 책이나 기사에 나온 지역을 데이트 삼아 돌아다녔다. 인천에서 여의도까지 출퇴근하는 왕복 세 시간 동안에는 책을 한 권씩 읽었다. 1년에 250~300권 정도 읽었는데 다행히 어릴 때부터 습관이 돼서 힘들지 않았다. 이 시기의 경험으로 부동산 공부 하나만 하는 것에 시간이 얼마나 투입되는지 알게 되었다.

정규직을 목표로 하니 회사 일도 소홀히 할 수 없었고 그 시간을 쪼개서 경매학원까지 다니려니 여간 힘든 게 아니었다. 임신을 한 뒤 수시로 하혈했다. 인천에서 여의도까지 출퇴근하는 지하철에서 하혈이 시작되면 무작정 내려서 역 인근의 산부인과로 향했다. 바우처는 금방 소진되었고 유산의 위험성이 높아 유산 방지 주사를 맞은 후 택시로 출퇴근했다.

그래도 부동산 공부를 포기할 수 없었다. 단순히 돈을 더 벌어볼까 하는 마음이었다면 진작 때려치웠을 것이다. 하지만 오늘의 노력 한 번이 우리 가족의 미래와 직결된다는 생각이 들면 움직일 수밖에 없었다.

노력 덕분인지 아니면 운이 좋았던 것인지, 불가능하리라 여겼던 경제적 목표는 시기를 잘 만나 몇 건의 부동산 투자로 예상보다 일찍 달성되었다. 노력은 해보겠지만 사실 마흔다섯 살에도 이룰 수 있긴 할까 싶었던 자산 8억 원이라는 목표를 30대에 달성한 것이다. 목표한 액수를 달성한 이후로는 굳이 측정하지 않으려 노력한다. 대신 그다음 단계인, 하고 싶은 일을 찾아 나섰다.

바라는 인생의 그림을 그리고 준비물을 적다 보면 동공지진이 오는 사람이 많다. 그렇게까지 생각해본 적이 없다 보니 현실적으로 '이게 될까?'라는 생각이 들기 때문이다.

구체적인 목표를 정하고, 목표를 쪼개고, 매일 보는 곳에 적어놓는 행위는 그래서 중요하다. 머릿속에서 막연하게 생각만 했다면 새로운 시도는 하지 않았을 것 같다. 분명한 방향성이 있었기에 새로운 기회를 찾아 움직이는 동기부여를 얻었다.

> 실 전

5년 단위 및 1년 단위로 목표 쪼개기

나는 45세에 8억 원이라는 목표를 5년 단위로 쪼개봤다. 그런데 왜 하필 5년일까? 5년 단위로 계획을 세우는 건 나뿐만이 아니다. 국가나 회사에서도 5년 단위 계획을 세우는 것을 자주 보게 된다. 학교 다닐 때 지겹도록 들었던 '경제개발 5개년 계획'처럼 말이다. 그보다 먼 미래를 기준으로 잡는다면 장기적으로 변하는 상황을 반영하기 힘들고, 너무 가까운 미래를 기준으로 잡는다면 장기적으로 필요한 부분에 대한 투자는 이루어지기가 어렵다.

책의 앞부분에서 언급한 '애자일 기법'을 기억하는가? 변하는 상황을 반영하기 위해 방향성 다음으로 중요한 것은 지속적인 피드백이다. 5년 뒤에 성장한 내 모습, 그리고 그와 함께 얻게 되는 새로운 기회를 반영하여 5년 후 다시 계획을 보완해야 한다.

미션 3

① 앞서 적어봤던 15년 또는 20년 후 목표를 정리하고, 이를 위해 필요한 것들 세 가지를 적어본다.

② 이것들을 5년 단위로 쪼개 지금부터 5년 후, 10년 후로 나누어 적는다.

5년 후 이뤄낼 목표	
35세 순자산 3억 원	첫째. 저축으로 종잣돈 모으기
	둘째. 경매와 부동산으로 제2의 소득에 도전
	셋째. 연간 4,000만 원씩 순자산 늘리기

10년 후 이뤄낼 목표	
40세 순자산 5억 원	첫째.
	둘째.
	셋째.

20년 후 이뤄낼 목표	
45세 순자산 8억 원	첫째.
	둘째. *중요한 건 피드백!!*
	셋째.

출처: 잇콘다이어리 비전노트 ver.2021

경제적 목표 달성에 다이어리를 활용하는 방법

강의를 해보니 장기목표를 5년 단위로 쪼개보는 단계에서 다들 어려워한다. 먼 훗날 되고 싶은 모습은 비현실적인데 현실로 끌어오는 작업을 해야 하기 때문이다.

한순간에 뿅 하고 이루어지면 좋겠는데 그 과정을 생각해보니 등골에 식은땀이 흐른다. 이게 될까 싶은 것이다. 하지만 이는 미래에 대한 확신을 갖고 현재 내가 가진 것을 파악하기 위해 꼭 필요한 과정이라고 생각한다. 이 부분만 넘으면 남은 부분은 간단해진다.

이제부터는 현재부터 5년 뒤의 기간을 1년 단위로 쪼개서 채워보려고 한다. 이 단계까지 작성하면 저절로 지금 무엇을 해야 할지 계획을 짤 수 있게 된다.

매년 그 목표를 달성했는지, 부족한 점은 무엇인지를 생각하며 상황에 따라 계획을 보완하면 된다. 이를 위해서 다이어리에 기록을 남기면 점검하고 발전시키기가 더 수월하다.

미션 4

① 현재~5년 뒤까지 매년 해야 할 일을 적는다.
② 그중에서 올해 꼭 해내고 싶은 한 가지만 결정해서 올해의 목표로 삼는다.

5년 후 이뤄낼 목표		순자산 3억 원 모으기
2012년 (1년 후)	목표	순자산 4,000만 원 추가하기 1,800만 원 저축 / 고정비 및 보험 리모델링 경매 강의 수강, 낙찰 1건 받아 부수입 만들기
	결과	순자산 4,100만 원 → 목표달성!
2013년 (2년 후)	목표	순자산 4,100만 원 추가하기 1,800만 원 저축 이사갈 집 알아보기
	결과	순자산 9,600만 원 → 목표달성!
2014년 (3년 후)	목표	순자산 4,000만 원 추가하기 1,800만 원 저축 / 아파트 추가 매입하기 2012년 매입한 부동산 매도하여 수익내기
	결과	
2015년 (4년 후)	목표	순자산 4,000만 원 추가하기 1,800만 원 저축 더 큰 집으로 이사 알아보기
	결과	
2016년 (5년 후)	목표	순자산 4,000만 원 추가하기 1,800만 원 저축 / 아파트 추가 매입하기 2016년 매입한 부동산 매도하여 수익내기
	결과	

출처: 잇콘다이어리 비전노트 ver.2021

다이어리와 가계부를 연동하기

돈과 목표 달성과 시간 관리는 서로 긴밀하게 연결되어 있다. 나만의 인생 목표, 가치 기준을 세운 상태이고, 특히 그것이 돈과 연결되어 있으므로 이걸 가계부에도 반영하기로 했다.

이를 위해 해야 할 일은 바로 현재 내 자산을 파악하는 일이다. 지금 자산을 적어보고 3개월이나 6개월 혹은 1년 뒤 다시 작성하면 그 사이에 자산이 얼마나 변화되었나를 점검해 볼 수 있다. 예를 들면 다음과 같이 할 수 있다.

자산 항목에 현재 소유한 집, 예금, 주식, 연금 등을 쭉 적는다. 부채는 갚아야 할, 돌려줘야 할 금액이며 자본은 자산에서 부채를 제외한 금액을 적으면 된다. 부동산은 현재 내어놨을 때 바로 팔릴 만한 시세로 적고, 부채 항목에는 돌려줘야 할 금액(예를 들어 세금이나 세입자 보증금)을 적으면 좋다. 간혹 과거 취득 가격으로 적는 사람이 있는데, 과거 가격은 현재와 괴리가 있어 크게 의미가 없고 나중에 시세 변동 추이를 알아보기 힘들다는 단점이 있다.

이렇게 한눈에 들어오게 정리가 되면 자본금 밑에 빨간색으로 목표를 적는다. '우리 가족들의 보금자리', '내 카페' 또는 '00년 뒤 00만 원으로!' 등으로 적으면 동기부여가 된다.

고정비는 예산 단계에서
미리 반영할 것

가계부를 쓸 때 지출 내역을 하나씩 적는 것만으로는 의미가 없다고 생각한다. 목표를 반영한 예산을 먼저 세우고 예산 내에서 지출하는 것이 좋다.

자산현황(2018년 6월 기준)

자산 이름 / 통장 이름	금액	레버리지	순자산	순자산 증감
집(거주)	2억3,500만 원	대출 1억3,500만 원	5억 원	
메모				
집(투자)	8억5,000만 원	전세 5억3,000만 원	3억2,000만 원	
메모				
예금	3,000만 원		3,000만 원	
메모				
메모				
메모				
메모				
메모				
메모				
합 계	11억6,500만 원	6억6,500만 원	5억 원	

한 달 돌아보기	좋았던 점
	아쉬운 점
	다음 달의 결심

출처: 잇콘다이어리 데일리노트 ver.2021

어떤 회사나 단체도 예산을 짜지 않는 곳은 없다. 1년에 한 번 내년의 수입을 미리 계산해서 회사의 방향성과 목표에 맞춰 어디에 투자할지, 얼마만큼 지출할지 배분해놓는다. 예산 외 지출에 대해서는 사유를 명확히 파악하며, 반기 정도가 지나면 변동사항을 반영해 추가 예산을 편성한다.

하루 벌어 하루 산다거나 그때그때 필요한 곳에 쓰겠다고 생각한다면 정작 필요한 곳에는 자금이 부족해질 수 있다.

가계부를 잘 살펴보면 대부분이 매달 나가는 금액이 정해져 있는 고정지출이거나 일정 범위 내에서 통제해 고정비화할 수 있는 항목이다. 나는 자기계발비는 얼마, 저축은 얼마 하겠다고 목표를 정하면 그 항목도 미리 예산 항목에 잡아 고정비화했다. 보험을 정리하든 핸드폰 요금제를 바꾸든, 고정지출을 줄이려는 노력은 예산을 세우는 단계에서 한다. 한번 이렇게 해놓으면 크게 신경 쓸 일이 없어 편하다.

열심히 봤던 절약 관련 책에서 '카페라테 효과'라는 것을 소개했다. 하루 한 잔 커피 값을 아끼면 그것이 나중에 복리로 얼마가 되는지 설명한 것이다. 그것을 보고 나 역시 커피 한

가계부(예산) 관리

	내용	예산	실제	차액
수입	남편 월급	3,270,000원	3,270,000원	0원
	수입액 총계	3,270,000원	3,270,000원	0원
고정비 지출	대출원리금 상환	300,000원		
	저축	300,000원		
	생활비(관리비, TV 및 인터넷, 가스비, 기타 세금)	200,000원		
	가족(친정 및 시댁 용돈, 경조사비)	300,000원		
	보험(3명 실손, 남편 생명)	360,000원		
	아들(수유값, 유치원비, 태권도 학원비)	630,000원		
	용돈(남편 차비, 식비, 핸드폰비, 기부 등)	640,000원		
변동비 지출	식비+기타	300,000원		
자기계발 지출	경매 강의	240,000원		
	지출액 총계	3,270,000원		

출처: 잇콘다이어리 데일리노트 ver.2021

잔 값이라도 악착같이 아끼려고 아등바등했다.

하지만 곧 지쳤다. 나는 대출금도 성실히 갚고 있고, 다소 얼마라도 저축을 하고 있으며, 친정과 시댁 식구들에게 한 달에 한 번 맛있는 식사를 대접하고 용돈도 드리고 있다. 이렇게 열심히 알뜰하게 사는데 커피 한 잔 마실 때마다 죄책감을 느껴야 해? 그런 생각이 드니까 가계부가 점점 싫어졌다. 쓸 때마다 더 줄일 곳을 찾아야 한다는 강박관념 때문에 나중에는 가계부를 볼 때마다 스트레스를 받았다. 이렇게 되면 꾸준히 가계부를 작성하기가 어려워진다.

나는 가계부 작성의 의의를 '최대한의 절약'에서 '일정 수준의 소비를 꾸준히 유지하는 것'으로 바꿨다. 매번 바뀌는 변동비를 항목으로 관리하는 게 아니라, 얼마까지는 써도 된다는 예산을 정해둔 것이다. 예산 내 지출이라면 '덕질'을 하든 쓸데없는 인형을 사든 신경 쓰지 않았다. 대신 나는 커피를 진짜 맛있게 마시기로 했다. 좋아하는 아이스라떼도 즐겨 마셨다.

모든 고민은 예산을 세울 때 미리 한다. 식비를 5만 원 줄여 저축을 5만 원 늘리고 싶으면 예산에 미리 그 금액으로 할당한다. 예산만큼 현금으로 미리 뽑아놓거나 체크카드를 쓰는 것도 효과가 좋았다.

미리 정한 식비 예산 내에서는 외식을 해도 죄책감을 갖지 않는 대신 이후 며칠간은 간소하게 먹는 식으로 예산 초과만 하지 않도록 관리했다. 대신 돈을 쓰면 그만큼의 확실한 기분전환과 행복을 인식하려고 노력했고, 그 기분이 이런 생활을 유지하는 원동력이 되었다.

2017년 가계부의 경우는 식비와 내 용돈을 변동비 항목으로 정해서 매일 얼마를 썼고, 예산에서 얼마가 남았는지 매일 다이어리 한 귀퉁이에 한 줄 가계부를 작성했다. 익숙해지면 카드를 정해 지출 시 문자가 오면 어플에 자동으로 등록, 계산되게 할 수도 있다. 하지만 초기에는 직접 적어보는 것이 돈의 흐름을 인식하는 데 도움이 된다.

10월 15일 일요일

절실하지 않은 자는 꿈을 꿀 수 없다. - 플라톤

오늘의 체크리스트

- ☑ 마라톤 참가
- ☑ 시댁 생일파티
- ☑ 원고 작성
- ☐
- ☐

메모

- 마라톤 기록이 4분 단축됐다. 신난다!!
- 부모님 용돈을 좀 더 드릴 걸 그랬나?

오늘의 스케줄

- 5시
- 6시
- 7시
- 8시
- 9시
- 10시 마라톤
- 11시
- 12시
- 1시
- 2시 점심, 포스팅 및 독서
- 3시
- 4시
- 5시
- 6시
- 7시 생일파티(시댁)
- 8시
- 9시
- 10시
- 11시
- 12시 원고작성
- 1시

오늘의 씀씀이

내용	₩
김밥	3,000
아이스라떼	3,500
오늘의 예산	8,000
실 지 출	6,500
차 액	1,500

출처: 잇콘다이어리 데일리노트 ver.2021

매일 예산을 초과하지 않으려 노력하고 그 결과를 다이어리에 기록하다 보니 '나는 미래를 위해 작지만 꾸준히 걸어가고 있다'는 것을 날마다 실감하게 되어 좋았다. 죄책감을 덜고 할당된 여유는 최대한 누리자고 다짐했다.

목표를 세우고 쪼개고 관련 비용을 미리 예산에 넣어 가계부까지 작성하고 난 뒤 나의 다이어리는 매일 이런 내용으로 채워졌다. 처음 계획만 고민해서 세우고 나면 매일의 유지는 예상보다 쉽다. 하루 5분씩 미래를 향해 한 발짝씩 나아간다는 느낌을 날마다 받을 수 있다는 것은 정말 엄청난 일이다.

돈은
목표를 위해 쓰자

한때 물질적인 것에 돈을 쓰기보다 경험에 돈을 써야 한다는 말이 유행했다. 명품가방을 들면 속물이라고 여기지만 배낭여행을 다녀오면 칭찬받는 분위기였다. 하지만 과연 그럴까?

회사에 네 명의 직원이 있었다. 한 명은 명품가방을 들고 다녔는데 2년간 조금씩 적금을 부어서 하나씩 마련한 것들이었다. 그 외에도 퇴직 후 작은 가게를 내고 싶다는 꿈을 위해 별도의 적금과 펀드로 종잣돈을 모으고 있었다.

한 명은 계절별로 여행을 자주 다녔다. 긴 연휴가 있으면 친구들과 해외로, 여름엔 바닷가로, 겨울엔 스키장으로 빠지지 않고 순례했다. 그 결과 모아놓은 돈은 한 푼도 없었고 결혼자금은 부모님의 도움을 받아야 했다.

다른 한 명은 회사 동료들과 자주 어울렸다. 가진 돈의 대부분을 술값과 골프 관련 비용으로 사용했다. 이 사람의 입버릇은 "인간관계에 투자해야 한다"는 것이었다. 몇 년 뒤 구설수에 휘말려 한직으로 물러난 뒤로는 그의 소식을 들을 수 없었다.

또 한 명은 최신 자동차와 기계를 좋아했다. 데이트도 세련되게 해서 여자친구를 사귀는 데 어려움이 없었다. 하지만 막상 결혼을 하려고 하니 모아놓은 돈도, 집도 없어 부모님 집에서 같이 살아야 하는 처지였다. 덕분에 결혼 준비 과정이 원활하지 않았다.

다양한 사람을 접하면서 느꼈다. 누가 어떤 생각으로 살아가는지 알고 싶을 때는 무엇에 돈을 쓰느냐가 아닌 돈을 사용하는 '방식'을 보면 짐작할 수 있겠다는 것을. 물론 이것은 옳고 그름을 판단하기 어렵다. 게다가 겉으로 보이는 모습이나 SNS로는 알 수 없는 부분이다.

나는 '경험에 돈을 써야 한다'기보다 '목표에 돈을 써야 한다'고 생각한다. 거창한 것이 아니다. 좋은 아빠, 좋은 남편이 되는 게 인생 목표라면 정해진 용돈 내에서 술값을 줄여 가족과의 외식을 선택하는 것이다. '내 건물에서 커피 마시기'가 목표라면 사교육비를 조금 줄여 종잣돈부터 모으고, 투자를 공부하기 위한 예산을 책정해야 한다.

| 실 전 | **1년에 하나씩만 이뤄도 충분하다** |

30대 직장인인 블로그 이웃은 5년 단위 목표를 정하면서 타임라인에 따라 무엇을 해야 할지도 적어보았다.

- 2019년 이사 시 전세 또는 자가 결정
- 2023년까지 월세 100만 원 만들기
    - 기존 투자금 회수 + 꾸준한 저축
    - 보유주식 하락 시 추가매입 + 공부
- 2019~2020년 부서 전환 신청하여 회사 밖에서도 쓸 수 있는 다양한 업무 배우기
    - 공인중개사 자격증을 활용할 수 있게 회계 및 부동산 공부
    - 독서, 강의, 커뮤니티 활동 꾸준히

그런데 이렇게 현재와 5년 뒤 사이에 해야 할 일을 도출해본 뒤에는 이 리스트에 우선순위를 매겨야 한다. 새해 목표가 잘 안 지켜지는 이유는 첫째가 방향성이 없기 때문이고, 그 다음으로 우선순위가 없기 때문이다.

사람들은 모든 걸 완벽하게 잘하려고 한다. 실적 좋은 직장인, 자상한 엄마, 훌륭한 살림꾼, 성공한 투자자, 날씬한 몸매, 독서가, 주말의 취미활동

을 모두 해내고 싶어 한다. 하지만 시간과 예산과 내 체력은 한정되어 있다. 선택과 집중이 필요하다.

인공위성이 궤도에 오르기 위해서는 엄청난 추진력이 필요하지만, 정해진 궤도를 돌 때는 많은 에너지가 필요하지 않다. 우선순위를 정해 하나씩 궤도에 올려놓아 습관이 되면 유지가 어렵지 않게 된다.

겪어본 결과, 모든 걸 잘하려다 다 놓치기보다 1년에 하나씩만 성공해도 충분하다. 다른 건 현 상태를 유지하며 딱 하나만 1년 안에 일정 수준에 올려놓으면, 내년에는 그것을 유지만 하면서 다른 목표에 집중할 수 있다.

아직 돌이 안 된 아기를 키우는 엄마들이 내 블로그로 자주 질문을 해온다. 아기도 잘 키우고 싶고, 몸매도 다시 날씬하게 돌아가고 싶고, 아기가 자는 시간에 자기계발도 하고 싶은데 어쩌면 좋냐는 것이다.

하지만 어떤 시기에는 아기만 잘 키워도 충분하다. 운동하고 몸이 힘든데 아기가 잔뜩 어지르면 왠지 짜증이 난다. 아기가 잠들면 영어단어를 외우려고 했는데 안 자면 슬슬 화가 난다. 결국 육아도, 운동도, 공부도 아무것도 안 된다. 이건 실제 내 경험이다. 살은 도로 찌고 무리해서 운동하다 나간 어깨가 아직 안 돌아왔다. 그때 정신없이 공부한 건 기억도 잘 안 난다.

아기가 잘 때 자고, 아기가 먹을 때 같이 먹고, 책은 육아서만 보며 마음 편히 육아만 해도 충분한 때가 있다. 그게 아기와 엄마 모두 행복한 시간을 만드는 길이다. 그다음 해에 날씬한 몸매를 만들고, 또 그다음 해에 영어를 마스터해도 충분하다. 그해의 우선순위를 확실히 하고 나머지는 마음 편하게 두기로 다짐하는 것이 조금 느리더라도 확실히 하나씩 이루어내는 방법이다.

문제는 빨리 성과를 내려는 조급함에 있다. 여러 계단을 뛰어오르다 지쳐서 나가떨어지는 것보다, 느리게 가는 것처럼 보이지만 매일 한 칸씩을 확실히 밟는 편이 원하는 곳에 도달할 가능성이 크다.

신중히 지켜보되,
기회가 오면 놓치지 말자

현금흐름을 확보하고 종잣돈을 모으겠다는 계획은 착착 진행됐지만 투자를 통해 부수입을 얻겠다는 계획은 자꾸만 어긋났다. 임신 중에 원인을 알 수 없는 하혈이 자주 일어났다. 임신부를 야근에 주말 출근까지 시키는 회사 때문인지, 풀리지 않는 투자 때문인지 알 수 없었지만 만약 유산이라도 하면 회사고 투자고 다 때려치우겠다고 속으로 소리치곤 했다. 다행히 계획에 딱 맞춰서 생긴 아들은 2013년 4월에 무사히 태어났고 나는 육아휴직에 돌입했다.

부동산 투자를 위해 그동안 여기저기 기웃거렸지만, 직장도 다녀야 하고 유별난 입덧과 임신성 당뇨까지 거쳤더니 경매 입찰조차 제대로 못해 여전히 자산은 빈손이었다. 2년간 매달 양가에 드리는 용돈, 출산 대비 비용, 양가 부모님 환갑 대비 비용, 양가 형제들 결혼 지원비 등 별도로 나가야 할 돈을 제외하니 최대한 끌어모을 수 있는 종잣돈은 약 4,000만 원이 됐다.

당시 이걸로 투자를 시도해야 할지 내 집 마련부터 해야 할지 결정을 내리지 못하고 있었다. 처음에는 투자를 선택하고, 우리가 살 집은 전세로 알아봤지만 2013년은 전셋집을 보러 가는 사이에 다른 사람이 와서 계약을 해버리는 시기였다. 아무리 허름하고 관리가 안 된 집이라도 전세라고 하면 보지도 않고 나가버렸다.

집값은 몇 년간 오르지 않았기에 사람들은 집을 사기보다 전세를 선호했다. 와중에 금리는 점점 낮아지고 있어서 주인들은 전세를 월세로 돌려 수익을 얻고 싶어 했다. 전세 매물은 점점 씨가 말라갔고 전세가는 매매가와 거의 차이가 나지 않을 정도로 치솟았다. 집값이 조금씩이라도 올라줘야 전셋집 공급이 이루어져 오히려 전세난 해결에 도움이 된다는 사실을 체감하고 있었다.

그때 한 카페에 질문을 올린 적이 있다. 전세가가 매매가와 이렇게까지 비슷한 시기가 전에 없었기 때문에 다른 사람들은 앞으로 부동산 시장을 어떻게 보는지 물어보고 싶었다.

전세가가 오르다가 매매가를 초과하면 그 초과분은 반전세 형태가 될 텐데, 그럼 집을 사면 내 돈 하나 안들이고 수입이 생기지 않느냐, 이 수익성이 반영되어 집값이 소폭이라도 상승하지 않겠냐고 질문했다. 지금이라면 '갭투자'라는 말이 워낙 유명해져서 무슨 당연한 소리를 하는가 싶을 것이다. 하지만 그때 대부분의 답변은 이랬다.

"집은 사는 곳이지 재테크의 대상으로 생각하면 안 된다."

"원래 따져보면 전세가가 보유세와 하락 부담을 가진 매매가보다 비싼 것이 당연하다."

"전세가가 더 높아지는 것을 당연하게 받아들이는 새로운 세상이 올 것이다."

"올라갈 것이라 예상하면 다주택자가 되어서 하우스푸어

가 한번 되어 보시라."

내가 현재 진리라고 믿는 모든 것이 불과 2~3년이면 뒤집어질 수 있다는 사실이 무섭다. 주식 또한 내려갈 때는 전문가들이 입을 모아 이래서 떨어졌으며 계속 떨어질 것이라 말하고, 올라갈 때는 역시 오를 만한 이유가 있으며 당분간 계속 오를 것이라 말한다. 다가오는 시간은 아무도 미리 가본 적 없으니 할 수 있는 건 최악의 상황을 대비하고 최선의 선택에 베팅하는 수밖에 없는 것 같다.

그러던 중 2013년 7월이 찾아왔다. 6월에 주택 취득세 한시적 인하(4.4% → 1.1%)가 끝나고 7월부터 거래가 뚝 끊겨 거래절벽이 일어난 달이다. 그동안 투자용이 아닌 이사 가고 싶은 아파트를 두 군데 정해서 계속 시세를 체크하고 있었다.

외벌이 상황에 월급 안에서 대출 원리금을 상환하려면 대출금액이 8,000만 원을 넘으면 안 됐기 때문에 우리의 실거주 총예산은 2억 원이었고 지켜보던 아파트들은 그동안 2억 원 이상이었다. 그러던 게 드디어 딱 한 곳에서 2억 원짜리가 나왔다.

바로 100일 된 아기를 들쳐 업고 나가 계약했다. 기존 세입자가 이사를 나가려면 몇 개월이 있어야 해서 그사이 우리는 친정집에 얹혀살아야 했지만, 남편과 손잡고 저기에 꿈꾸던 20평대 우리 집이 있다며 기뻐했다. 나는 여기서 더 이상 가격이 떨어질 일은 없다는 생각에 안도했고 남편과 아이는 넓어진 집에서 행복해했다.

곧 그 집의 전세가는 내가 매입했던 매입가를 앞질렀고, 그 영향으로 매매가는 조금이지만 계속 올라갔다. 그렇게 순자산은 1억2,000만 원, 통장 잔고는 다시 0원이 되었다.

첫 부동산 투자 결과

- 신혼집 매도 9,000만 원 + 저축 4,000만 원
  - 복비·이사비·집 수리비 1,000만 원
  = 내 자금 1억 2,000만 원

- 내 자금 1억 2,000만 원 + 대출 8,000만 원
  = 새집 가격 2억 원

800만 원으로 시작한
첫 부동산 투자

그렇게 우리는 번듯한 아파트로 이사를 했다. 적어도 노후에 삼겹살을 구울 장소는 마련한 셈이다. 그러나 투자용 주택을 마련하지 못한 아쉬움이 있었다. 그때 2007년에 샀던 책을 다시 꺼내 보았다. 『부동산 투자의 정석』(김원철 저)이라는 책이었다.

책 중 한 챕터의 제목은 '4년 동안 3억 7,000만 원 투자해서 평생 여유 있게 사는 방법'이다. 지은 지 10년 정도 된 역세권 소형 아파트를 사고, 전세금이 상승할 때마다 올려 받은 전세금에 저축한 돈을 합쳐서 집을 한 채씩 늘린다는 내용이었다.

이 방법의 핵심은 매매가가 얼마냐가 아니라 전세가가 계속 오를 만한 아파트를 잘 고르는 것이다. 당장 팔아서 매매 차익을 노리기보다는 적절히 갈아타면서 계속 올라가는 전세 상승분으로 노후 생활비를 마련한다는 것이었다.

처음 이 책을 읽었을 때는 '3억7,000만 원이 어디 있냐'며 지나쳤었다. 당시에는 매매가와 전세가의 차이가 많이 나서 그 정도 금액은 있어야 집을 살 수 있었다. 하지만 이 책을 다시 읽었던 때는 매매가와 전세가의 차이가 거의 안 나는 시점이었으므로 가능할 수도 있겠다고 판단했다. 실거주 집을 알아보며 전세난을 직접 경험해보니 한동안 전세가 오를 것이라는 생각이 들었다.

6개월도 안 된 아이를 안고 매일 인터넷을 뒤지던 어느 날, 어느 재테크 카페에서 매매가와 전세가가 거의 차이가 나지 않는 아파트 이름이 몇 개 적힌 짧은 글이 올라왔다. 그중 광명의 한 아파트가 눈에 들어왔다. 돈이 없어 남 임장 따라다니며 공부하던 시절 몇 번 둘러봤던, 아는 동네의 아는 아파트였다.

올라온 아파트는 소형이었는데, 그 동네에는 소형 아파트가 얼마 없다는 것을 알고 있었다. 인터넷으로 시세를 검색해보니 매매가 1억6,500만 원에 전세가 1억5,500만 원이었다. 1,000만 원만 있으면 아파트를 살 수 있는 것이다. 중개업소에 전화를 걸어 이것이 실제 가격임을 확인한 뒤 집에 와 있던 친정엄마와 바로 출동했다.

30분 만에 광명에 도착하여 중개업소에 앉아 있는데 신기한 일을 경험했다. 앉아 있는 잠깐 사이 눈앞에서 전화가 여러 통 걸려오더니 집이 다 팔려버린 것이다. 소장님께서 지방 투자자들이 집을 보지도 않고 전화로 모두 샀다며 가장 싼 물건은 이제 1억7,000만 원짜리 딱 하나 남아 있고 그다음 물건은 1억8,600만 원이라고 했다. 1억7,000만 원짜리는 소유자가 1가구 1주택자가 아니라서 양도소득세 비과세 혜택이 없는 집이라 투자자들이 안 샀다고 했다. 2013년은 부동산 시장을 살리기 위해 정부가 1가구 1주택자들의 물건을 매입할 경우 5년간 양도소득세를 전액 감면해주는 파격적 혜택을 주고 있던 때였다.

내가 이 집을 마저 사버리는 순간 시세는 1억8,600만 원이 된다는 생각이 들었다. 단 하루 사이에 1억6,500만 원이었던 아파트 가격이 2,000만 원이나 상승하는 셈이다. 당장 집을 보고, 이상 없으면 사겠다고 했다.

집을 보러 가는데 바로 옆 주공아파트에 곧 재건축 시공사를 선정한다는 현수막이 걸려 있었다. 아파트를 재건축하느라 허물면 여기 살던 사람들이 바로 옆 아파트로 이사 오리라는 생각이 들었다.

그날 바로 매입하기로 했다. 잘 아는 곳이었기에 빠른 결정이 가능했다. 몇 달 뒤, 잔금을 치르고 전세를 재계약할 시점이 되자 이 아파트는 매매가 1억9,000만 원에 전세가 1억7,000만 원이 되었다. 내가 산 금액과 전세가가 같아진 것이다. 매매가와 전세가가 같아지자 세입자가 불안해하시기에 500만 원을 깎은 1억6,500만 원에 재계약을 했고, 기타 비용까지 총 800만 원이 들었다.

그 돈은, 고민 끝에 내가 아이를 직접 키우기로 결정하고 회사를 그만두면서 받은 퇴직금 1,000만 원으로 마련했다. 남편에게 "내 퇴직금은 못 받은 셈 치고 묻어두자"고 말했는데 다행히 아이와 아파트 모두 무럭무럭 잘 자라줬다.

후에 그 아파트는 2억7,000만 원에 매도했다. 여기에 20평대 내 집의 시세와 종잣돈이 조금씩 자라나면서 우리는 다이어리에 적어놓은 목표에 조금씩 다가가고 있었다.

지속가능한 나만의 루틴을
만들어야 한다

800만 원으로 시작한 첫 번째 투자가 중요했던 것은 그게 두 번째, 세 번째 기회도 제공했기 때문이다. 전세금 상승분으로 다음 투자가 가능했고, 그것의 상승분으로 다시 그다음 물건을 매입할 수 있었다.

외벌이가 된 뒤 남편의 월급으로는 생활비를, 전세금 상승분으로 부동산 투자를 했다. 주식은 코스피가 2,000 이하로 떨어지면 자투리 돈으로 매입하고 2,400이 넘어가면 매도하는 방식으로 나만의 소소한 틀을 만들었다.

당시는 부동산 시장이 워낙 좋았기 때문에 사실 나의 성과는 대단한 것이 아니었다. 대출을 최대한 많이 받아 몸집을 불린 친구들이 결과가 좋았지만, 그때로 다시 돌아가라고 한다면 결국 같은 선택을 했을 걸 스스로 잘 알고 있다. 대출을 더 많이 받아도 이자를 낼 현금 흐름이 없었다. 아예 이자 비용까지 대출을 더 받아 그걸로 내라는 이야기도 들었지만 그럴 경우 내가 집값의 오르내림에 초연할 자신이 없었다. 가족의 행복과 안전을 위해 투자하는 건데 안절부절하고 싶지 않았다. 투자에 들어가는 시간을 최소한으로 하고 가족을 위한 시간을 확보하고 싶었다.

그러다 보니 아주 천천히, 4년 뒤인 2017년에 일곱 채가 되었고 순자산은 5억 원이 됐다. 그래도 세금이며 각종 비용을 다 뺀다 해도 불가능이라 여겼던 처음 목표, 35세에 3억 원을 무난히 넘겼다. 같은 시기에 시작한 사람들보다는 한참 적지만 시작 금액인 800만 원에 비하면 나쁘지 않은 수익률이었다.

36개월까지 집에서 끼고 키우던 아들도 유치원에 들어갔고, 외벌이 시작할 때 월 300만 원이었던 남편의 월급도 350만 원이 되었다. 여전히 차는 없고, 여행은 안 가며, 아이가 잠들면 뉴스와 책을 읽고, 주말엔 강의를 듣거나 부동산을 보러 다녔다.

예전에는 투자란 무협소설처럼 스펙터클한 사건일 줄 알았는데 실제로 시도해보니 작은 일을 꾸준히 지속하는 일상이었다. 다만 결과가 나오느냐 안 나오느냐는 상황이나 운에 달린 것이고, 내가 할 수 있는 건 꾸준한 시도와 공부를 통해 다가온 운을 못 잡는 일만은 없도록 해야겠다는 생각이 들었다.

상황이 바뀌면
계획도 수정돼야

2017년 5월, 정권이 바뀌고 6·19 부동산 대책이 발표됐다. 당장 큰 파급력은 없었지만 이제부터 규제를 시작하겠다는 정부의 방향성이 엿보였다. 문득 처음 부동산 공부를 시작했던 지난 상승장에 대한 기시감이 들었다.

부동산 규제가 시작되면 과거에 어땠더라. 제일 대중들의 반발이 적은 건 지난 규제를 다시 살리는 것이니 곧 과거처럼 다주택자에게 양도세가 중과되겠구나. 그럼 사람들이 보유 주택 수를 줄이는 대신 좋은 거 딱 하나로 뭉치려고 할 테고 그럼 서울, 그중에서도 입지가 좋은 곳을 찾을 것 같다.

과거를 생각해보면 규제를 해도 한동안은 엄청나게 올랐었다. 후반부엔 가속도가 붙은 듯 급상승했고. 경기도의 새 아파트부터 인천의 재개발 구역 반지하 빌라까지 시기와 상승 폭만 다를 뿐 순차적으로 다 올랐던 기억이 난다.

하지만 시간이 흐르면 새 아파트도 나이를 먹고 어정쩡한 곳의 개발은 중단되었다. 그걸 보며 중요한 건 입지라는 것을 깨달았다. 그래, 오를지 내릴지 알 수 없지만 확률상 제일 안전한 선택을 하자. 내가 지금 갈 수 있는 가장 좋은 곳에 가서 실거주자가 되어 버텨야겠다. 과거를 돌아보니 더 이상 같은 투자 방식을 반복하면 안 될 것 같다는 생각이 들었다.

2017년 7월, 서울에 아파트를 하나 계약하고 나머지는 팔기 위해 싹 내놓았다. 적은 돈으로 집 수만 불리다 보니 경기도와 인천의 작은 집이 대다수였기 때문이다. 가지고 있던 집이 많지 않아 대부분 잘 팔렸고 안 팔린 집들은 2018년에 임대주택 등록을 했다. 상황이 변했으니 과거의 방식을 고수할 수는 없다.

나는 돈이 부족해 한 번의 실패가 치명타가 될 수 있다. 달걀을 한 바구니에 담지 말라고 하는데, 나의 달걀은 노른자와 흰자를 분리해서 머랭을 쳐도 나눠질까 말까 한 금액이다. 그래서 상황을 꾸준히 살피고 기록하며 피드백하고, 종목이든 지역이든 방식이든 행동을 수정해서 재적용하고, 결과를 또 기록하려고 노력한다. 그래야 결과에 상관없이 그 과정이 나에게 값진 경험으로 남았다.

이런 기록 덕분에 수도권 부동산이 어려웠을 때 '대구 부동산이 불타고 있다'는 글들이 왜 자꾸 올라올까, 진짜일까' 의심하며 지나쳤던 과오도 돌아볼 수 있었고, 경매는 취득 방법 중 하나일 뿐 다양한 공부의 필요성도 느낄 수 있었다.

한 가지 패턴으로 돈을 불렸다고 해서 같은 행위만 반복한다면 그것 또한 위험하다고 생각했다. 운이 좋았다는 것을 자각하고, 그때는 맞지만 지금은 틀릴 수 있음을 염두에 둬야 한다. 몇 번의 흑역사 덕분에 투자에는 시기에 따라 유효한 방식이 달라진다는 교훈을 얻었다.

2019년, 나는 예상보다 6년이나 빨리 목표했던 순자산 8억 원을 달성했다. 그 이후의 자산 상승분은 굳이 신경 쓰지 않기로 했다. 반 토막이 되지 않는 이상 샀을 때 가격보다 떨어질 일은 없겠다는 생각이 들자 하락 또한 신경 쓰지 않기로 했다.

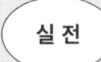 ## 목표 달성에 자주 실패하는 사람들의 두 가지 착각

다이어트, 영어 공부, 새벽 기상, 독서 100권. 이런 식으로 1년 목표를 세우면 실패하기 쉽다. 그 이유는 이런 식의 목표를 세우는 사람들의 상당수는 두 가지 착각을 하기 때문이다.

목표와 수단을 헷갈리지 말자

첫 번째는 목표와 수단을 헷갈리는 것이다. 2016년 책 『미라클 모닝』이 나오면서 새벽 기상 열풍이 불었다. 그런데 2003년에 이미 『아침형 인간』이라는 책이 나와 선풍적인 인기를 끌었다. 아마 10년 뒤쯤 비슷한 책이 다시 나와도 많은 사람이 열광할 것 같다. 1년 목표를 새벽 기상으로 세우고 돈까지 내면서 새벽 기상을 체크하는 모임에 가입하는 사람도 많다.

왜 그럴까? 그만큼 지키기가 힘들기 때문이다. 책을 보니 아침에 일찍 일어나기만 하면 성공할 것 같은데, 내가 의지가 없어서 그걸 못하는 바람에 이렇게 평범하게 사는 것 같다. 그래서 다시 시도하고 또 흐지부지된다.

그런데 왜 지속이 어려울까? 의지가 부족해서가 아니라 순서가 바뀌었기 때문이다. 굳이 새벽에 일어나서까지 해야 할 일, 하고 싶은 일을 먼저 찾으면 눈이 떠질 수밖에 없다.

예를 들어 지금은 직장인이지만 5년 안에 책을 내는 게 목표라면 직장 외 시간을 쪼개서 글 쓰는 연습을 해야 한다. 그러려면 혼자만의 시간이 필요한데 저녁에는 야근이 많고 아이들과도 놀아줘야 하니 아침에 일찍 일어나 글을 쓰기로 한다.

목표는 출간 + 해야 할 일은 글쓰기 연습
= 새벽 기상 도전

이렇게 하면 새벽 기상은 수단이 된다. 따라서 체크해야 할 것은 새벽에 일어났느냐가 아니라 목표 산출물인 글쓰기다.

그리고 그전에 해야 할 일이 있다. 왜 출간을 하고 싶은지부터 고민하고 이유를 정립하는 것이다. 오늘의 한걸음이 그 꿈에 다가간다는 느낌이 있다면 하루 못 일어났다고 자책하며 '에라 모르겠다' 무너지는 일은 없다.

독서도 마찬가지다. 일 년에 50권, 100권을 목표로 적을 필요가 전혀 없다. 만약 올해 목표가 '월세 수입 20만 원 만들기'라면 자연히 부동산, 경매 등의 책을 읽게 되어 있다. 올해 목표가 '책 쓰기'라면 문장력과 콘텐츠 구성에 대한 책을 읽게 되어 있다.

몇 권을 읽느냐가 아니라 무엇을 얻고 무엇이 향상되었느냐를 체크해야 한다. 천 권 독서, 속독법 등의 방법으로 권 수를 채우는 데 신경 쓰지 않아도 된다. 읽다 보면 실력이 향상되는 것이 느껴져 더 읽고 싶어지게 되고, 그러다 보면 저절로 읽는 속도도 빨라져 하루에 한 권 정도는 무난히 읽게 된다.

학창 시절을 돌이켜보면 공부할 때 '하루 8시간 앉아 있기' 이렇게 목표를 세우는 것은 의미가 없다. '오늘 목표는 XX를 이해하는 것'이라고 정하고 그걸 이해할 때까지 해야 실력이 늘었다. 한 시간 만에 목표한 바를 이해했다면 그날은 조금 쉬는 것이고, 열 시간이 되도록 이해를 못 했다면 더 공부해야 한다.

우리가 목표로 세우는 대부분은 사실 더 큰 꿈을 위한 수단이다. '월세 수입 20만 원'도 가족의 안정적인 미래라는 상위 꿈을 위한 수단이다. 무슨 일이든 '이걸 왜 해야 하는지, 이 습관을 왜 들이려 하는지'를 끊임없이 되새기는 게 중요하다. 인생의 목표가 먼저 서 있다면 그것을 이루기 위해 어떤 습관을 들여야 할지 스스로 고를 수 있게 되고, 시중에 나와 있는 자기계발 책이나 강의에 휘둘리지 않게 된다.

자기계발과 취미를 헷갈리지 말자

목표를 세울 때 자주 하는 착각 두 번째는 자기계발과 취미를 헷갈리는 것이다.

회사 동료 중에 매년 해외로 가서 치르는 자격증 시험을 보는 사람이 있었다. 그 자격증을 딴다고 연봉이 높아지거나 업무 분야를 확장시킬 수 있는 상황은 아니었다. 이야기를 들어보니 뭐라도 해야 할 것 같은 마음에 그냥 학원에 다니고 시험을 본다고 했다.

자기계발은 자신의 목표와 부합해서 하는 것이고 거기에 맞는 산출물을 도출하는 것이다. 그저 '기분이 좋아지는 일'은 취미로 볼 수 있다. 취미는 좋은 것이고 취미를 통해 새로운 전문성을 가질 수도 있다고 생각한다.

하지만 취미를 하면서 자기계발을 하고 있다고 착각해서는 안 된다.

앞서 언급한 동료는 학원을 다님으로써 뭔가 하고 있다는 '뿌듯한 기분'만 느끼고 있으니 이것은 취미다. '나는 꼭 뭔가 이루기 위한 독서가 아니라 그냥 책을 많이 읽고 싶은데?'라고 생각하는 사람에게 독서는 알찬 취미다. 새벽에 기상해서 딱히 무언가를 하지는 않지만 일찍 일어나니 왠지 여유가 생기고 기분이 좋다면 이것도 취미다.

취미를 자기계발로 착각한다면 한정된 시간과 체력 때문에 정작 진짜로 '계발'이 필요한 부분에 노력하지 못하게 된다. 이것저것 뭔가 열심히 하긴 했는데, 지나고 보니 커리어에도 별 도움이 안 되고 내 꿈을 이루는 데에도 별로 도움이 안 된다는 생각이 든다면 대부분 이런 경우다. 취미와 자기계발에는 각각 별도의 노력이 필요하다.

자기계발과는 약간 다른 이야기지만, 육아에도 같은 기준을 적용해 생각해볼 수 있다. 인생의 목표를 '아이를 잘 키우는 것'으로 세운다면 먼저 '잘'의 기준을 구체적으로 정해야 한다. 나의 기준은 '어디서나 사랑받는 아이'여서 어릴 때부터 주변에 인사를 잘하도록 연습시킨 게 전부다.

'공부를 잘하는 아이'로 키우고 싶어 하는 엄마들도 많다. 충분히 좋은 목표다. 하지만 아이의 성적 자체는 나의 산출물이 될 수 없다는 게 문제다. 그건 아이의 산출물이기 때문이다.

만약 나는 아무것도 얻지 않아도 되니 그저 공부 잘하는 아이로 키우는 게 기쁨이라고 한다면, 그건 취미다. 그리고 취미라면 결과와 상관없이 노력하는 시간 자체에서 즐거움을 얻어야 한다. 그렇다면 엄마는 아이가 발전하는 과정에서 즐거움을 느끼면 충분한 것일 뿐, 아이 성적에 연연하지 말아야 한다.

아이의 성과가 나에게 뭔가 도움이 되기를 바란다면 그건 자기계발일 수 있다. 하지만 이 경우에는 엄마도 무언가를 계발하여 얻어야 한다. 엄마도 공부를 시키는 방법, 학습 진도 스케줄을 짜고 입시 방향을 체크하는 노하우 등을 얻고 그 전문성을 바탕으로 별도의 무언가를 이뤄낼 수 있어야 자기계발이라 할 수 있다.

아이의 성적이 나의 자기계발 결과가 될 수 없다는 것을 인지하기만 해도 자녀를 닦달하거나 본인을 자책하지 않을 수 있다. "내가 잘 키워서 네가 잘된 것"이라며 과도한 보상심리를 갖지 않게 된다. 어떤 목표를 위해 움직이고 있는지는 몰라도, 지금 노력하고 있는 것이 취미인지 자기계발인지 한 번쯤 고민해보는 건 어떨까.

경제적 목표 초과 달성, 그 이후

8억 원이라는 소박한 경제적 목표를 달성하면서 재밌는 일이 생겼다. 그간의 기록을 블로그에 꾸준히 남겼더니 이웃 수가 조금씩 늘어났고 동갑내기 친구들과 각자의 이야기를 모아 책을 내게 된 것이다. 그 책이 기회가 되어 '텐인텐'이라는 부동산 카페에서 주최하는 강연에서 특강을 할 수 있었다. 몇 년 전부터 정보 얻는다고 매일 들여다보던 카페에서 내가 특강을 한다니 감회가 새로웠다.

특강을 앞두고 카페 운영자인 박범영 대표를 만난 적이 있다. 점심 식사를 하면서 이야기를 나누었는데 가장 인상적이었던 건 그가 자족(自足)이라는 가치를 무척 중요시한다는 점이었다. 재테크 카페를 운영하는 사람이면 돈과 성공을 중요한 가치로 두고 있지 않을까 하는 나의 선입견은 완전히 틀렸다.

그는 만보계를 보여주며 "재벌총수든 나든 건강하려면 똑같이 운동을 해야 한다. 재벌총수든 나든 똑같이 하루 세끼 밥을 먹는다. 나는 건강하게 운동도 하고 세끼 밥 맛있게 먹으며 마음 맞는 친구와 후배와 교류하고 집에는 사랑하는 가족이 있다. 나는 이미 충분히 많은 걸 가진 사람이다"라고 말했다. 깊이 공감했다.

블로그에 목표를 공개하고 진행하는 과정을 계속 기록하면서 가장 많이 받는 질문이 있다. 원래 목표였던 순자산 8억 원, 10억 원은 옛날 말이고 지금은 30억 원, 50억 원은 있어야 하지 않겠냐, 목표를 수정할 생각은 없느냐는 내용이다.

동네에 할머니가 한 분 있다. 할머니는 젊었을 때 아끼고 모아서 작은 단독주택으로 내 집 마련을 했다. 2층에서 살면서 다른 방에서 나오는 월세로만 생활비를 해결했다고 한다.

남편 월급으로는 남편 용돈을 제외하고 계속 모아서 오피스텔을 하나씩 샀다. 그렇게 받는 월세가 절대 많은 금액은 아니지만 70대 부부 두 명이 생활할 정도로는 충분하다. 지금도 남편은 적게 벌지언정 일을 계속하고 있고 할머니는 소일거리 삼아 하루 두 시간씩 맞벌이 부부의 하원 도우미를 하고 있다.

또 한 할머니는 재개발 구역의 빌라에 전세를 산다. 주인이 나가라는 말도 안 해서 같은 건물에 오래된 친구들과 같이 살고 있다. 남편과는 몇 년 전 사별했는데 아주 작은 빌라 하나를 사놓아서 20~30만 원 정도 월세를 받는다. 나라에서 나오는 연금과 합치면 혼자 살기에 부족함이 없다. 집 앞 식당에서 식사를 해결하며 친목계원들과 모임도 하고 소소하게 여행을 다니면서 살고 있다.

60대 후반의 남자도 알고 있다. 그는 아주 알뜰하며 인천에 대출 없는 아파트를 갖고 있다. 60세까지 성실하게 근무하고 정년퇴직을 했으며, 자녀들은 모두 장성해서 결혼도 시켰으므로 남은 대소사가 없다. 정년퇴직 직후 재취업을 해 적으나마 생활비를 계속 벌고 있으며 부부 동반으로 여행을 다니며 살고 있다. 부동산 공부하는 며느리에게 마지막으로 갈아

탈 집으로 재개발 빌라를 추천받아 곧 새 아파트로 입주할 예정이다. 참고로, 그 며느리는 나다.

"더 많은 돈이 욕심나는가?"라고 묻는다면 그렇다. 하지만 "더 많은 돈이 필요한가?"라고 묻는다면 아니라는 결론이 나온다.

예전엔 우러러보던, 부자가 돼서 책을 썼다는 사람들의 다양한 강의를 듣고 만나고 뒷이야기를 들었다. 목표를 정했으니 그곳으로 가기 위한 세부 계획을 짜기 위해 성공 샘플을 최대한 많이 수집하고 싶었다. 뒤풀이에서 실제 어떻게 거기까지 간 건지 열심히 물어보곤 했다. 하지만 그럴수록 예상과 다른 이야기를 접하게 되었다.

젊은 직장인이 소액 투자로 스무 채 이상의 집에 투자했다는 내용의 책이 있었다. 알고 보니 저자는 집이 제공되는 직장이라 신혼집을 구할 돈 몇 억 원을 모두 투자에 활용할 수 있었다고 한다. 책에는 없는 내용이었다. 그럼 살 집부터 필요한 진짜 평범한 직장인 신혼부부는 어떻게 해야 하나.
"책에 쓴 투자가 전부이고 돈은 강의로 벌고 있다"고 솔직하게 답변해준 사람도 있었다. 또 다른 사람은 이자로만 몇 백만 원이 나가고 본업에서 번 돈으로 이자를 내고 있다고 했다. 또 책에서 벌었다고 한 100억 원은 대출과 보증금을 포함한 금액이며 순자산은 그것의 10% 정도라고 말한 사람도 있었다.

어떤 부분이 어떻게 다듬어져 세상에 소개되는지 알게 되자 환상이 사라졌다. 이후 좋은 문장의 그럴싸한 책보다, 조금 덜 다듬어졌더라도 솔직하게 패를 모두 공개하고 대중이 취사선택하게 하는 책이나 강사를 선호하게 되었다.

'투자를 시작한 지 1~2년밖에 안 되어 최근 분위기밖에 모르고 직장이 좋아 종잣돈이 많았다.' 차라리 이렇게 전제 조건을 오픈하면 받아들이는 독자 입장에서 어떤 부분을 나에게 적용할 수 있고 어떤 부분은 할 수 없는지 판단할 수 있다. 그 길이 맞다고 해서 갔다가 아니라는 걸 알았을 때 그동안 날린 시간 때문에 화가 난 경험이 종종 있었기 때문이다.

부자라고 나서는 사람들과 평범하지만 알차게 사는 사람들이 별로 차이가 없다는 것을 알게 되었다. 부자에 대한 환상을 갖고 굳이 더 높은 금액을 향해 선착순 달리기를 하지 않아도 된다고 생각한다. 다만 경제적 자유란 것이 얼마나 좋은지는 자주 실감한다. 내가 좋아하는 사람들만 만날 수 있다. 일하지 않는 것이 아니라 정말 좋아하는 일이 뭔지, 다음 트렌드는 뭔지 고민할 시간을 충분히 확보할 수 있다. 마음 맞는 사람들과 안정적으로 새로운 시도를 할 수도 있다. 가족과 시간을 보낼 수 있으며 운동과 취미에 원하는 만큼 에너지를 쓸 수 있다.

부동산을 하나씩 매도할 때마다 자투리 돈으로는 맨몸으로 결혼한 며느리를 맞아준 시어머니께 밍크코트를, 남편에게 정장 한 벌을 선물하고 나도 가방을 하나 샀다. 주식으로 1년에 두세 차례 수익을 보면 친구들에게 맛있는 것도 사고, 스카프나 벨트 같이 소소한 물건들도 쟁여둔다.

이 정도면 나는 충분하다. 오늘도 아침에 일어나면 다이어리에 일과를 정리하고, 아들을 학교에 보내고, SNS에 글을 쓰고, 부동산 레포트를 둘러보고, 주식 기사를 찾아본다. 자기 전에 오늘 할 일을 무사히 다 했다며 신나게 체크하고 마음 편히 잠들겠지. 10년 전에도, 10년 후에도.

3

프로젝트 수행에
다이어리를
활용하는 방법

인생목표 중 하나,
책 쓰기에 도전하다

시작은 별것 아니었다. 그저 막연하게 책을 한 권 써보고 싶다는 생각이 들었다. 2014년 당시 나는 육아휴직 후 퇴사하여 집에서 적성에 안 맞는 육아살림 전담반을 맡고 있었다. 그래도 마흔다섯 살에 8억 원이라는 목표 달성은 꾸준히 실천하고 있었는데 이것도 익숙해지다보니 숨쉬듯 하나의 일상처럼 실천이 가능해졌다. 그래서 인생 목표 외에 매년 하나씩 뭔가를 이루자는 생각이 들었고, 1년에 1개씩 나만의 프로젝트를 만들어보기로 했다. 그중 하나가 전작『딱 1년만 옷 안 사고 살아보기』에서 소개된 쇼핑 금지 프로젝트다.

2015년 새해 프로젝트를 구상하려고 하니 뭔가 새로운 돌파구가 필요하다는 생각이 들었다. 그때 회사를 그만두고 편하게 밖에서 만난 동료가 업무 관련 책을 쓰고 싶다고 말했다. 그때를 위해 실력을 쌓으면서 관련 해외 서적 번역 작업부터 해보고 있다고 말하는 것이 아닌가. 듣는 순간 머리를 맞은 것 같은 충격을 받았다. 그때까지 책은 특별한 사람만 낸다고 생각했기 때문이다.

하지만 나는 평범한 주부다. 무엇을 어디서부터 어떻게 써야 하는지 알 수 없었다. 일단 왜 책을 내고 싶은가를 확실히 정해야 했다. 출간 목적에 따라 방법이 완전히 달라지기 때문에 충분히 고민하는 시간을 가지려고 했다. 순수문학을 제외하고 이런저런 연유로 책을 쓰기로 결심한 사람은 대체로 두 부류로 나뉘는 듯하다.

첫 번째는 판매량과 관계없이 인생에서 책 한 권쯤 기념으로 내보고 싶다는 쪽이다. 여기에 해당하는 사람은 초고를 완성하는 일이 제일 중요하다. 초고만 있으면 그걸 책으로 내줄 출판사를 찾아내면 된다. 정 안 되면 본인이 제작비를 부담하는 자비출판이나 자가출판 사이트 등을 이용해 책을 만들 수 있다.

대부분 자신이 이 부류라고 생각하지만 막상 뚜껑을 열고 보면 아닌 경우가 많다. 이것을 잘못 판단하는 사람은 책을 내고 나서 슬럼프에 빠진다. 개인적인 기념으로 내는 거라면 출간 자체가 성공인데, 막상 책이 잘 안 팔리고 사인회나 강연 요청이 없어 출간 전과 똑같은 생활을 하게 되면 묘하게 우울해지는 것이다. 특히 '선한 영향력'에 관심 많은 사람은 방점이 '영향력'에 찍혀 있음을 깨달아야 한다. 자기만족을 넘어서 타인에게 영향을 끼치고 싶어 하는 것이니 이 부류가 아니다.

나도 처음에는 내가 그저 기념으로 책을 내고 싶어한다고 생각했다. 그렇다면 그동안 쌓아놓은 일기를 쭉 모아 금세 초고를 완성시킬 수 있었다. 하지만 진짜 그럴까. 사실상 책으로 만든다는 자체가 단 한 명이라도 독자가 있다는 것을 가정한다는 뜻이고, 정말 순수하게 자기만족을 위해 글을 쓰는 건 자물쇠 달린 비밀 일기장뿐이다.

그렇다면 나는 두 번째 부류다. 책이라는 도구를 활용해서 다른 목적을 달성하고 싶은 사람. 그 목적이란 사람마다 다르다. 내 글과 생각에 대한 타인의 반응이 궁금할 수도 있고, 저자라는 타이틀을 가져보고 싶을 수도 있고, 책 출간을 강의를 하기 위한 발판으로 삼고 싶을 수도 있다.

나는 한 번 더 고민한 끝에 '내 목적은 경력 단절 여성으로서 어느 부분에 나의 시장성이 남아 있는지 테스트하고 싶은 것'이라는 결론을 내렸다.

기록 뒤지기 :
나는 무엇을 잘하는 사람인가

 경제적 목표 달성과 마찬가지로, 목적과 목표를 정했으니 현재 내 위치를 파악하고 샘플들을 수집하여 거기까지 갈 수 있는 로드맵을 그려야 한다.

 그렇다면 평범한 경력 단절 여성인 나는 앞으로 무엇을 할 수 있고 지금 무엇을 쓸 수 있을까. 이제까지 읽었던 책들의 목록을 훑어보니 두 가지로 분류할 수 있었다. 하나는 저자가 잘하는 걸 다른 사람에게 알려주는 책이다. 대다수의 전문서적이 여기에 포함된다.

다른 하나는 저자가 못했던 걸 극복한 책이다. 사람들은 옛날부터 원래 잘했던 사람이 좋은 결과를 얻는 이야기보다 못했던 사람이 잘하게 되는 이야기와 그 속에서 나오는 노하우를 좋아한다. 꼴찌가 서울대 간 이야기나 말썽부리던 아이를 잘 교육해 다시 부모와의 관계가 좋아지는 이야기 등이다.

처음부터 아이가 너무 반듯해서 말썽부리지 않은 부모의 노하우는 잘 팔리지 않는다. 책을 사는 사람은 문제가 생겨서 그걸 해결하고자 하는 사람이기 때문이다. 못하는 분야가 있다는 것은 책 쓸 때만큼은 오히려 장점이다.

그래서 나는 다이어리를 펼쳐 하루의 기록을 살펴봤다. 매일 하는 일 중 잘하는 것과 못하는 것을 구분해 책으로 나올 수 있는 주제를 추출한 뒤 나에게 맞는 주제를 하나만 정해 단순화시켜보기로 했다. 관련 경험이 부족한 분야라면 경험을 만들어내는 과정 자체가 책의 내용이 될 수 있다.

그 결과 나의 일과 중에서 내가 잘하는 것(잘)과 못하는 것(못)은 다음과 같이 정리할 수 있었다.

내가 잘하는 것 VS 못하는 것

☑ 기상
→ (잘) 수면 잘하는 법
→ (못) 새벽 기상으로 달라진 인생

☑ 몸무게 체크
→ (잘) 30~40대 시간 없는 사람들의 몸무게 관리법
→ (못) 40대 바디프로필 도전기

☑ 다이어리로 하루 스케줄 체크
→ (잘) 다이어리 작성 노하우
→ (못) 계획적으로 살아보니 이렇게 달라졌다

☑ 아침식사
→ (잘) 주부 9단의 간단 조리법, 아이를 위한 요리법
→ (못) 초보자도 쉽게 할 수 있는 요리

☑ 씻고 옷 입기
→ (잘) 옷 잘 사고 잘 입는 법
→ (못) 패션 테러리스트 탈출기

- ☑ 업무 또는 보육
  - → (잘) 워킹맘 회사에서 살아남기, 사랑으로 키우는 아이
  - → (못) 화내지 않는 엄마 되는 체험

- ☑ 주가 및 경제기사 체크
  - → (잘) 평범한 주부의 경제기사 보는 법
  - → (못) 경제 기사로 '주린이' 벗어나기

- ☑ 청소/설거지/빨래
  - → (잘) 미니멀 인테리어를 위한 정리, 고수의 살림법
  - → (못) 살림초보 벗어나는 꿀팁

- ☑ 가계부 쓰기
  - → (잘) 짧고 빠르게 가계부 쓰는 법
  - → (못) 처음 시작하는 가계부

- ☑ 아이 취침 후 독서 또는 취미
  - → (잘) 육아로 힘들 땐 책으로 위로받는 엄마
  - → (못) 안 읽던 책을 읽기 시작하니 달라진 인생

적다 보니 평범한 내가 뭘 할 수 있을까 걱정하던 것과 달리 쓸 수 있는 소재가 무궁무진했다. 주말에는 부동산 보러 다니기, 마라톤, 연극 뮤지컬 관람 등을 하고 있으므로 범위는 더 넓어졌다.

확신을 가졌던 계기는 이미 성공사례가 있기 때문이다. 서양 쪽에서는 평범한 사람이 하나의 주제를 정해 블로그에 과정을 기록한 다음 책으로 엮어 낸 사례들이 꽤 있었다. 일본 쪽에서는 도전 과정을 코믹에세이로 써서 출간된 사례가 많았다.

『오늘부터 쇼핑 금지』

누누 칼러 저 / 박여명 역 | 이덴슬리벨(EAT&SLEEPWELL) | 2014년

『나는 빚을 다 갚았다 : 마이너스 인생을 바꾼 생존 재테크』

이주영 역 | 한국경제신문사(한경비피) | 2016년

『프루걸리스타 다이어리 : 깐깐하게 쓰고 폼 나게 살자!』

나탈리 P. 맥닐 저 / 정지현 역 | 네모난정원 | 2011년

『욱하는 나를 멈추고 싶다』

다부사 에이코 글그림 / 윤지영 역 | 이마 | 2017년

『엄마, 오늘부터 일하러 갑니다 : 15년 만의 재취업 코믹 에세이』

노하라 히로코 글그림 / 조찬희 역 | 꼼지락 | 2017년

『마라톤 1년차 : 초보도 따라 하기 쉬운 즐거운 달리기 프로젝트』

타카기 나오코 글그림/윤지은 역 | 살림출판사 | 2016년

중요한 것은 역시나 기록이었다. 만약 내가 10kg 감량에 도전하면서 처음의 시행착오부터 기록을 한다면,

1. 그동안 실패한 다이어트 과정으로 공감대 형성
2. 내가 성공한 과정과 구체적 방법 제시
3. 왜 살이 빠졌는가에 대한 이론적 근거 찾아 서술

이런 식으로 책이 한 권 완성될 것이라 예상된다. 책이 나오지 않더라도 날씬한 몸매를 갖게 되니 남는 장사. 다른 예로 아이에게 자꾸 화를 낸다면,

1. 아이 훈육 중 실패한 과정과 이유로 공감대 형성
2. 성공한 훈육 및 엄마의 자기성찰에 대한 고민
3. 이게 왜 맞는 방법인지 전문가, 논문 등 이론 제시

이런 구조로 책을 구성할 수 있다.

결과적으로 2019년 『딱 1년만 옷 안 사고 살아보기』라는 제목으로 책이 나왔다. 제목 그대로 옷을 사지 않고 1년을 버텼던 기록을 정리한 미니멀리즘 관련 책이다.

뜬금없이 이런 주제를 잡게 된 이유는 역시 나의 생활패턴 기록 때문이다. 다이어리에 적어놨던 스케줄 사이사이에는 뭘 하나 생각해보니 계속 핸드폰으로 쇼핑몰을 들여다본다는 것을 깨달았다. 옷은 차고 넘치는데 싸다는 이유로 비슷한 옷을 또 사고 있었다. 날마다 적는 가계부의 적자도 눈에 거슬렸다.

책이 아니더라도 바뀌어야 할 버릇이었고, 책이 나오지 않더라도 쇼핑 금지는 해야 할 도전이라는 생각이 들었다. 쇼핑을 안 하고 옷장 정리를 하는 과정이라면 유행인 미니멀라이프 분야에도 잘 맞을 것 같았다. 일단 너무 늘어지지 않게 '1년 동안 옷 안 사기'를 주제로 잡았다.

준비 :
블로그를 이용해 꾸준히 글쓰기

큰 욕심 없이 인생에 책 한 권 정도 내보고 싶다는 주변 친구들에게 제일 추천하는 건 블로그다. 기록을 남기는 데에 유용한 도구이기 때문이다. 『모든 것이 F가 된다』로 유명한 모리 히로시는 『작가의 수지』라는 책에서 블로그에 글쓰기에 대해 이렇게 언급했다.

"블로그에 올린 글들은 3개월마다 문고본으로 출판되었다. 모두 13권이 발행되었다. 가령 제일 처음 나온 『모리 로그 아카데미(MORI LOG ACADEMY) 1』은 3쇄까지 찍어서 합계 1억7,000부. 인세율은 10%여서, 이 한 권으로 100만 엔 이상 벌었다. 1년에 네 권이 나왔으므로 대학에서 받던 보너스의 두 배쯤 되었다. 블로그 연재만으로 연간 원고료가 540만 엔, 네 권의 인세가 약 400만 엔. 합치면 연간 940만 엔이 된다. 하루 15분 작업으로 이만큼 벌었다."

나는 책을 쓰기로 결정하고 고가의 책 쓰기 강의를 수강하는 대신 블로그를 하기로 마음먹었고 효과를 톡톡히 봤다. 검색에 잘 잡히는 로직을 배워 파워블로거가 되지 않아도, 검색에 잡히지 않게 글을 쓰는데도 블로그에 글을 쓰는 자체가 도움이 됐다. 내 블로그는 아직도 검색에 도통 잡히지 못한다. 지금은 포기하고 아는 사람만 찾아오는 뒷골목 선술집 느낌으로 제목도 제대로 안 쓰고 있다. 그럼에도 책 쓰기에 도움이 된다고 강하게 말할 수 있다.

현대인은 의외로 길게 글을 쓰는 경험을 할 일이 없다. 보고서를 쓰는 게 직업이었던 나는 특히 결론만 간단히 적는 게 습관이 되어 있었다. 처음에는 블로그에 '○월 ○일, 오늘도 무사히 옷을 안 샀다'라고만 썼다. 그러다 점점 한두 문장이 덧붙여졌고 포스팅 하나를 채우는 일에 익숙해졌다.

블로그에 글을 쓰다 보면 '기니까 이 정도까지만 써볼까, 내용을 줄여볼까' 하는 기분이 들 때가 있다. 그렇게 썼던 포스팅들을 A4용지의 워드 프로그램으로 옮겨보니 여지없이 1.5쪽이 나왔는데 책으로는 약 2.5~3쪽 정도의 분량이다. 후루룩 읽힐 만한 책의 한 꼭지에 해당하는 분량이다. 이 정도 분량으로 매일 두 시간 정도를 블로그 포스팅에 투입하기로 했다.

나는 아침에 일어나면 제일 먼저 다이어리를 열어 해야 할 일을 확인하고 그걸 몇 시에 할지 컨디션에 맞춰 적어본다. 이렇게 하면 5분도 채 걸리지 않고 하루를 계획할 수 있다. 그럼 오늘 쓰기로 한 하나의 포스팅과 한 쪽의 원고가 내 인생에, 내 올 한해 목표에 어떤 영향을 미치는지 실감할 수 있다.

이렇게 다이어리로 기록하면 하루를 미리 디자인하는 데 도움이 됐다. 또한 블로그로 한 달에 한 번 계획을 공표하면 다른 사람들 보기 부끄러워서라도 실천하게 되는 효과가 있다. 비슷한 사람들과 모여 서로를 격려하기도 하고 좋은 기회가 있다며 도움을 받기도 했다.

여기서 중요한 점은 막 결심한 나를 믿으면 안 된다는 점이다. 처음 집필 스케줄을 작성할 때는 다 할 수 있을 것 같이 의욕이 불타 하루를 꽉 차게 계획한다. 하지만 절대 그렇게는 지속이 안 된다. 장담컨대 반드시 중간에 계획대로 되지 않는 날이 생긴다. 그럴 때 다른 날이 꽉 차 있으면 변경, 수정이 어렵다. 그럼 다 때려치우게 된다.

우리는 방향성이 있으니 천천히 가도 괜찮다. 뛰지 않아도 꾸준히 걷는다면 도착할 수 있다. 여유 있다 싶으려면 처음 의지의 50%만 반영해도 된다. 더 열심히 살라고 채찍질 해도 모자랄 판에 이게 무슨 소리인가 싶겠지만 우리는 의외로 시간을 왜곡해서 인식하고 있는 경우가 많다. 중간중간 휴식을 반드시 해야 하고 이런저런 돌발 상황이 생긴다.

마루는 나무 사이에 약간의 틈이 있다. 그래야 팽창과 수축에 유연하게 대처하며 모양을 유지할 수 있기 때문이다. 너무 꽉 짜여 있다면 뒤틀리고 만다.

나는 저녁 시간과 주말은 대부분 비워둔다. 그래야 갑자기 아이가 아프거나 내가 아프거나 날씨가 너무 좋거나 정말 아무것도 하기 싫은 날이 왔을 때 미처 하지 못한 일을 남은 시간에 채워 넣을 수 있기 때문이다. 아이가 하원한 이후의 저녁 시간은 되도록 아이와 놀아 주기만 했다. 당장 눈에 보이지는 않지만 화목한 가족을 만드는 것도 중요한 인생 목표이고 이런 틈이 오래 계획을 유지할 수 있는 비결이다.

작은 일이지만 매일 꾸준히 내 꿈을 위해 뭔가 하고 있다는 안도감이 있었기에 저녁 시간만큼은 아이에게 집중할 수 있다. 계획을 짜는 것의 장점은 이렇게 눈앞의 일에만 집중할 수 있다는 것이다.

실전 예비작가들에게 블로그를 추천하는 이유

책을 쓰고 싶다는 사람들에게 블로그를 추천하는 이유는 블로그를 통해 원고를 준비하는 것에는 다양한 장점이 있다는 걸 경험했기 때문이다.

나 혼자 보는 다이어리에는 생략하는 항목도 많았고 전문용어를 쓰는 일도 많았다. 어차피 나는 그 상황을 다 아니까. 하지만 블로그를 누군가가 본다고 생각하니 좀 더 쉽게 풀어서 서술하게 되었다. 더군다나 블로그 이웃들의 댓글을 받으면서 점점 누구라도 이해하기 쉬운 방향으로 쓰려고 노력하게 되었다.

주제를 정하지 못했더라도 일단 꾸준히만 기록하면 뭐라도 결과가 나온다. 블로그에 이것저것 쓰다 보면 유난히 댓글 반응이 좋은 글이 있다. 반응을 고려해 관련 글들을 몇 개 더 쓰다 보면 자연스럽게 통일성 있는 나만의 콘텐츠가 만들어지고, 이것이 책의 주제가 될 수 있다.

몇 년 치 글이 누적되면 그 글들을 모아 목차에 맞춰 재구성하고, 몇 개의 꼭지만 추가하면 초고를 완성할 수 있겠다는 생각이 든다. 그러면 인생에 책 한 권쯤 쓰겠다는 막연한 생각이 눈앞에 구체적으로 모습을 보이게 되는 것이다.

블로그를 오래 했는데 책으로 낼 내용이 없다는 사람은 관찰해보니 대체로 두 부류였다. 첫 번째는 광고성 글을 많이 쓰는 리뷰어, 두 번째는 고민 없이 똑같은 패턴의 포스팅을 하는 사람이다. 식당에 비유하자면 손님이 음식을 왜 남기는지, 뭘 좋아하는 것 같은지 생각해보고 다음에 반영하는 게 아니라 내가 정한 똑같은 음식을 똑같은 방식으로 계속 파는 것과 같다.

일상 글만 쓰다 보니 책이 안 나온다는 사람도 있지만, 문체가 뛰어나거나 공감 가는 일상 글은 에세이로 묶을 수 있다. 어느 부분이 공감이 되는지, 재미가 있는지는 댓글로 알 수 있다. SNS에서 반응이 없는 글은 책으로 나왔다고 해서 팔릴 리 없다. 나를 애정해주는 이웃들의 말을 잘 반영하면 친구도 생기고 책도 낼 수 있다. 그렇게 때문에 다시 한 번, 블로그를 추천하고 싶다.

뭐라도 계속 쓰다 보면 아무도 안 볼 것 같은데도 한 명은 들어와서 보고 간다. 어쩌다 마음에 드는 글이 있으면 스크랩해가기도 한다. 그럼 그 사람의 이웃이 한 명 더 와서 보고 간다. 비슷한 성향의 사람이 그렇게 한 명, 두 명 이웃추가를 하고, 나도 찾아가서 그분의 글을 읽고 댓글을 단다. 그렇게 교류하다 보니 나중에는 내 블로그 댓글에서 자주 보던 사람을 이웃 블로거의 댓글에서 만나고, 서로서로 네트워크가 만들어지곤 한다.

검색에 신경 쓰지 않고 블로그를 꾸준히 한 지 5년이 된 지금은 이웃이 1만 명을 넘어섰고, 검색 로직 변화와 관계없이 조회 수 1천 명 이상이 꾸준히 유지되고 있다. 숫자보다 더 좋은 건 새로운 사람이 새로운 시각의 댓글을 달 때다. 그 사람의 블로그를 타고 가서 일상을 보다 보면 새로운 자극이 된다. 꾸준히 뭐라도 쓸 원동력이 생기는 것이다.

출판사 입장에서도 이웃이 많은 블로거가 투고하는 원고를 마다할 이유가 없다. 이웃 1만 명 중에서 10%인 1,000명만 책을 한 권씩 사준다고 쳐도 어느 정도의 판매량은 보장되기 때문이다. 블로그뿐만 아니라 유튜브나 페이스북, 인스타그램 등 다른 SNS에도 팔로워가 생긴다면 나의 어떤 점이 다른 사람에게 흥미로운지 파악할 수 있고, 출판사와 협상할 때 저자로서의 매력을 어필할 수 있다.

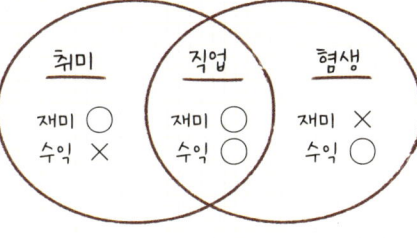

목표 수정 :
막연한 글쓰기에서 전략적 책 쓰기로

주제를 정하고 블로그를 시작한 지 1년이 지난 2015년 말, 예정대로 옷은 안 샀고 옷장 정리도 했으며 그 과정을 SNS에 남겼다.

하지만 예상과 달리 책을 낼 만큼 맘에 드는 원고가 완성되지 않았다. 블로그에 쓴 글을 모아보니 오늘은 뭘 사려다 말았고, 오늘은 뭘 정리했다는 식으로 같은 말의 반복이었기 때문이다. 1년간의 기록을 돌아보며 뼈대 없이, 목차 없이 무작정 적기만 한 것이 문제였다는 걸 깨달았다.

책을 본다는 것은 지금보다 더 나아지기를 기대하는 것인데 그저 옷을 안 사는 건 발전이 아니라 잠시 멈춤에 불과했다. 옷을 안 사고 정리함으로써 더 나은 무언가가 도출되어야 나 스스로도 내가 왜 이 행동을 하는지, 왜 다른 사람에게 권하는지 확신을 가질 수 있을 것 같았다. 한마디로 메시지가 명확하지 않았다.

요즘 블로그에 매일 글쓰기를 도전하는 이웃들이 많아졌다. 기왕 할 거라면 주제를 정하고 목차를 짠 뒤에 하길 권하고 싶다. 그러면 내비게이션을 켜고 출발하는 안정감과 효율을 느낄 수 있다. 나는 이제부터라도 그 부분을 보완하기로 했다.

나는 전문 작가가 아니므로 빼어난 문장력이나 과학적인 논리도 부족하고 구성을 뛰어나게 잘하지도 못한다. 오로지 진짜 경험에서 나오는 메시지를 전해야 한다고 생각했다. 따라서 책의 목표를 '이런 사람도 할 수 있는데 나도 한번 옷을 안사고 살아볼까'라는 마음을 불러일으키는 것으로 정했다.

예상 독자는 내 경험에 공감해줄 수 있는 30대 출산 경험이 있는 여성. '그들이 왜 이 책을 볼까' 고민해봤더니 기존에 써놓은 1년간의 원고에서 보완해야 할 부분이 눈에 들어왔다.

이에 따라 책의 내용을 '옷 안 사기 — 남길 옷 고르기 — 나머지 정리하기'로 나누어 '시행착오 — 정체성 찾기 — 정리 실용 팁'을 중심으로 재구성하기로 했다. 그중 '정체성 찾기'의 내용을 보완할 필요가 있었다. 그래서 나를 알아가고 좀 더 나은 모습이 될 수 있는 각종 책과 강의, 경험에 도전하기로 했다.

구체적인 작성을 위해 자주 가는 서점 사이트에 들어가 해당 카테고리 책들의 목차를 살펴보았다. 대체로 큰 분류와 그 안에 여러 개의 소제목으로 구성된다는 사실을 알게 되었다. 책을 내고 출간발표회를 한다고 상상하고, 거기서 발표할 발표 자료를 만든다고 가정하니 뼈대를 잡는 데 도움이 됐다. 이런 식으로 전개하다 보니 자연스럽게 목차가 만들어졌다.

이제 구체적인 집필 스케줄을 짜볼 차례다. 검색해보니 한글 프로그램에서 10포인트로 작성된 A4용지 100쪽이 약 250쪽짜리 책 한 권으로 만들어진다. A4용지 한 페이지가 책 2.5페이지인 셈이다. 요즘은 긴 글을 별로 안 읽는 추세여서

A4용지 70페이지 정도의 분량이면 충분히 에세이 한 권 정도는 될 수 있다고 한다.

내가 쓴 포스팅 한 편은 대부분 A4용지로 1.5페이지 분량이므로 나는 이것을 기준으로 목차를 만들기로 했다. A4용지 100페이지를 1.5페이지로 나눠보면 67개의 작은 제목이 필요하다. 그러면 7~8개의 대분류로 나눈다고 했을 때 각 대분류당 8~10개의 소분류로 이루어진다. 대분류를 5~6개로 나눈다면 각 11~13개의 소분류로 이루어진다. 나는 5개의 대분류에 11개씩의 소분류를 기준으로 삼고, 쓰면서 상황에 맞춰 가감하기로 했다.

그렇게 만들어진 목차에는 책의 완성도를 높이기 위해 앞으로 들어야 할 강의, 경험하고 싶은 정리 방법 등 보충해야 할 내용이 포함되어 있었다. 나는 이 목차 옆에 각각 언제 실천할지, 언제 포스팅 할지 미리 날짜를 적었다. 그리고 다이어리를 펼쳐 그달 해야 할 일, 그날 해야 할 일을 미리 옮겨 적어 놓았다.

이제 남은 건, 그날이 되면 정해놓은 그 일을 하는 것이다. 시간이 지나면 하나의 방향으로 결과물이 누적될 것이니 하루하루만 잘 보내면 된다는 생각에 마음이 편해졌다.

목표 달성을 도와주는 도구로 버킷리스트나 만다라트가 유행한 적이 있다. 이것들은 물론 훌륭한 도구지만 일상생활에 하루하루 적용하기엔 어려운 부분이 있다.

버킷리스트가 대중화된 것은 시한부 환자가 죽기 전까지 하고 싶은 일을 적어놓고 실행하는 내용의 동명의 영화 덕분이다. 그런데 버킷리스트가 실질적 효과를 발휘하려면 3개월이든 6개월이든 마감 기한이 정해져 있어야 한다. 그래서 버킷리스트를 적은 후에는 우선순위를 매긴 후 언제 그것을 할지 날짜를 적어보는 게 좋다. 그럼 막연히 언젠가 하고 싶던 희망이 계획으로 바뀐다.

만다라트는 하나의 주제에 대한 하위 주제를 설정하고 아이디어를 확산하는 방식이다. 하나의 목표를 이루기 위해 해야 할 일을 세분화했다는 점에서 버킷리스트와는 다른 의미가 있다. 다만 하나의 목표를 여덟 개의 분야로 나누고 그걸 각각 다시 여덟 개의 행동지침으로 나누면 총 64개가 된다. 자칫하면 빈 칸 채우기에 급급해질 수 있다.

64개의 내용을 모두 머릿속에 넣고 매일 외우며 체득하여 실천하기란 쉽지 않다. 목표는 완전히 머리에 박힐 수 있게 하나에서 최대 다섯 개를 넘지 않는 것이 좋다.

이러한 도구들은 목표를 세우는 데에는 좋을 수 있지만 그 목표를 실천하는 매일매일의 노력을 점검하는 데에는 부족하다. 그래서 나는 날마다 기록하는 다이어리를 사용한다. 책 쓰기 뿐만 아니라 어떤 프로젝트를 진행하든 마찬가지라고 생각한다. 목표를 세울 때뿐만 아니라 실천할 때에도 전략이 필요하다.

(실전) **월 단위 및 하루 단위로 목표 쪼개기**

책의 앞부분에서는 인생의 큰 목표를 세우고 그것을 5년 단위로, 1년 단위로, 그리고 1개월 단위로 점점 세분화하는 연습을 해보았다. 그런데 목표 쪼개기는 여기서 끝이 아니다. 해야 할 일을 월별로 쪼갠 다음에는 일별로 세분화해 다이어리를 작성한다.

올해 이뤄낼 목표		
	사회 복귀를 위한 책 출간 시도	
9월	목표	집필 목표 달성하기, 마라톤 1회
	결과	
10월	목표	집필 목표 달성하기, 마라톤 1회, 공인중개사 1차 시험
	결과	
11월	목표	집필 목표 달성하기, 마라톤 1회
	결과	

출처: 잇콘다이어리 비전노트 ver.2021

예를 들어 나의 2017년 10월 다이어리를 떼어보면 해야 할 일은 '원고 쓰기, 모임 참석, 공인중개사 1차 시험'이다. 그 세 가지 일을 진행하기 위해 해야 할 일과 일상에서 엄마 및 아내로서 어느 날짜에 무엇을 할지를 각각 적는다.

월별 목표(일부)

	첫째 '옷 안 사기' 출간 (예산 75만 원)	둘째 공인중개사 1차 통과	셋째 적성 찾기 - 모임 강의 (예산 35만 원)
	매일 1쪽씩 원고 작성	교재 1회독	정모 참석
	매일 1쪽씩 원고 작성	교재 2회독 시험응시(10월 28일)	-
	매일 1쪽씩 원고 작성	-	강의 소개

일일 시간 관리

10월 15일 일요일   절실하지 않은 자는 꿈을 꿀 수 없다. - 플라톤

오늘의 체크리스트
- ☑ 마라톤 참가
- ☑ 시댁 생일파티
- ☑ 원고 작성
- ☐
- ☐

메모

● 마라톤 기록이 4분 단축됐다.
  신난다!!

● 부모님 용돈을
  좀 더 드릴 걸 그랬나?

오늘의 스케줄

시간	일정
5시	
6시	
7시	
8시	
9시	
10시	마라톤
11시	
12시	
1시	
2시	점심, 포스팅 및 독서
3시	
4시	
5시	
6시	
7시	생일파티(시댁)
8시	
9시	
10시	
11시	
12시	원고작성
1시	

오늘의 씀씀이

내용	₩
김밥	3,000
아이스라떼	3,500
오늘의 예산	8,000
실지출	6,500
차액	1,500

출처: 잇콘다이어리 데일리노트 ver.2021

다이어리에 일자별로 그날그날 해야 할 일을 옮겨 적어보니 10월 15일에는 '마라톤 참가, 시댁 생일파티, 원고 작성'이 배정되었다. 이렇게 하면 한두 달 전에 이미 다이어리에는 그날 해야 할 일이 적혀 있게 된다.

예산을 정해둬야 하는 이유

월별 목표와 일별 목표를 정할 때 꼭 필요한 게 '할 일, 기간, 예산'이다. 그중에서 특히 신경 써야 할 점은 예산이다. 책 출간을 목표로 했던 2017년 당시 기타 계획을 포함해 일 년 총 예산은 145만 원, 월 약 12만 원이 도출되었다. 관련 강의를 듣거나 책을 사보는 등 목표 달성에 필요한 금액이다. 이 금액은 가계부에 자기계발 비용으로 미리 책정해놓아야 한다.

문제는 늘 한정된 자원이다. 목표를 이루기 위한 비용이니 눈치 보지 않고 팍팍 지출하면 참 좋겠지만, 책 한 권 내보겠다고 집안살림을 거덜낼 수는 없다. 특히나 내 경우에는 '올해 안에 책 쓰기'보다 상위목표인 '마흔다섯 살에 순자산 8억 원'이 있으니 두 가지가 바뀌면 곤란하다.

예산은 그래서 중요하다. 목표를 추진하기 위해 꼭 필요하면서도 너무

'오버'하지 않는 수준의 자원을 배분해야 한다.

만약 월 5만 원, 10만 원 등 자기계발 비용 예산이 정해져 있다면 그 금액에 맞춰 우선순위가 낮은 일부터 제외한다. 다른 자기계발보다 책 쓰기를 위한 자기계발이 올해 우선순위 최상단에 있다는 일종의 선전포고다.

특히 주부 같은 경우는 이렇게 미리 비용을 책정해놓지 않으면 자꾸 자신의 꿈을 양보하게 된다. 당장 눈앞에 가족들 반찬이나 아이들 옷이 보이면 먼저 지출해버리는 것이다. 감정에 휘둘려 지출하지 말고 목표의 우선순위에 따라 지출해야 한다. 꼭 방향성, 우선순위, 지속적인 피드백을 고민하고 해야 할 일, 기간, 예산을 적어보기 바란다.

실천 :
어떻게 나만의 시간을 만들 것인가

2017년, 나는 앞서 말한 대로 5개의 대분류 × 11개의 소분류 × 소분류당 2~2.5쪽을 써서 총 120쪽의 초고를 완성하기로 목표를 세웠다.

소분류는 포스팅 1~2개 분량이므로, 포스팅을 매일 하나씩 할 경우 약 석 달이 걸린다는 계산이 나왔다. 그렇다. 석 달이면 누구나 책을 쓸 수 있는 것이다. 짧은 에세이나 요즘 유행하는 전자책 같은 경우는 한두 달로도 충분할 것이다. 갑자기 자신감이 생기기 시작했다.

책을 쓰는 게 목표라면서 '원고지 몇 매'가 아니라 블로그 포스팅 단위로 계산을 한 데에는 이유가 있다. 그동안의 패턴을 통해서 내가 블로그에 글을 하나 쓸 때 대체로 얼마나 걸리는지 알고 있기 때문이다. 사람마다 하루에 글을 쓸 수 있는 체력이 다르므로 초반에는 일단 꾸준히 써보고 나의 글쓰기 속도가 얼마나 되는지 파악하는 시간을 갖는 것이 좋다.

나는 포스팅 하나 쓰는 데 두 시간이 걸렸다. 이 말은 석 달 안에 책 한 권을 쓰기 위해서는 매일 두 시간을 확보해야 한다는 뜻이다. 다시 다이어리를 펴놓고 하루 중 두 시간을 어디서 확보할 것인지 고민했다.

어떤 사람은 새벽에 일찍 일어나 회사 가기 전 두 시간을 집중적으로 활용한다. 어떤 사람은 퇴근 후 집에 바로 가지 않고 인근 카페에서 두 시간을 집필에 몰두한다. 나의 생활 패턴을 봤을 때, 무리하지 않고 석 달을 지속할 수 있는 시간은 언제일까? 나는 아이를 재우고 내가 잠드는 사이 시간을 활용하기로 했다.

이렇게 석 달 동안 내 다이어리의 밤 12시~2시는 '원고 집필'이라는 스케줄이 채워졌다. 분량은 앞서 목차에 적어놓은 대로 포스팅 한 편, A4용지로는 약 1.5페이지. 내용은 미리 짜놓은 목차 중에서 소분류에 해당하는 것으로. 이제 쓰기만 하면 된다.

'안 해도 되는데 이 일을 왜 하고 있지? 진짜 되겠어?' 같은 고민은 계획을 세울 때 충분히 했다. 계획을 세운 다음에는 하루하루 미리 배정한 할 일 리스트만 보며 실천하고 체크했다. 밥을 생각하면서 먹지 않는 것처럼 그 시간이 되면 그냥 그 일을 하는 것이다. 덕분에 수시로 닥치는 심리적 함정을 무사히 건너갔다.

유지 :
시간 관리 못지않게 중요한 멘탈 관리

『36세, 내 집을 가져라』를 함께 집필했던 공저자 한 명은 나를 이렇게 소개했다.

"풍백(내 닉네임)이 대단하다고 느꼈던 게 그녀의 철저한 계획성과 성실한 실행력이었습니다. 챕터가 있으면 이 챕터는 몇 페이지를 쓸 것인지, 그리고 언제까지 쓸 것인지 다 계획해 두었고 또 그 말대로 실행했습니다."

나를 좋게 봐준 그에게는 미안하지만 나도 사람이다. 기계가 아닌 다음에야 계획대로 완벽히 이루어질 수 없다. 마라톤 할 때 오늘 컨디션 괜찮네? 하며 초반에 전력질주하면 오래 지속하기 어렵다. 마찬가지로 처음에 할 말이 많다고 쏟아내듯 막 쓰다 보면 몇 쪽을 채운 뒤에는 막막해지기 마련이다. 나는 다이어리에 적어놓은 그날 써야 할 주제와 분량을 보며 오버페이스 하지 않고 꾸준히 지속할 수 있도록 노력했다. 다이어리가 일종의 페이스메이커 역할을 한 것이다.

사실 글 쓰는 일에는 기술이 없는 것 같다. 다이어리가 페이스메이커 역할을 해준다면, 그다음으로 중요한 것은 멘탈 관리다.

책의 초고를 쓸 때 가장 힘든 점은 별로 확인하고 싶지 않았는데 내 수준이 너무 적나라하게 확인된다는 점이었다. 독서만 할 때는 몰랐는데 글을 쓰기 시작하면 읽던 책과 내 손에서 나오는 글(이라고 할 수 있을지 미지수인 문장)의 수준 차이가 눈에 들어온다. 드라마「셜록」을 보며 주인공의 추리 과정을 지켜보고 있을 때는 나도 비슷한 수준의 추리를 했던 것 같은데, 혼자서는 살인사건 해결은커녕 리모컨을 어디에 뒀는지 기억해내기도 어려운 것처럼.

글을 쓰다 보면 이런저런 자괴감에 그만두고 싶어질 수 있다. 내가 이렇게밖에 못 쓰는 사람이었나, 이런 글을 누가 돈 주고 사보기는 할까, 가만히 다른 책의 서평 정도만 쓰고 살면 이런 걸 들키지 않을 수 있을 것 같은데.

또 새벽에 커피 한 잔 놓고 '필(feel)'이 와서 신들린 듯 써 내려갔는데 다 쓰고 나니 2쪽밖에 안 되었을 때도 있다. 초고 100쪽 중 나머지 98쪽을 어떻게 채워야 할지 막막해져서 자신감이 상실되기도 한다. 심지어 그렇게 쓴 2쪽도 다음 날 다시 보면 '아니, 이게 뭐야' 하며 내던지고 싶다. 어떻게 이렇게 자세히 아냐고? 나도 알고 싶지 않았다.

그럼에도 불구하고, 계속 쓰면 된다. 모든 걸 잊고 다이어리를 펼쳐서 그날 할당된 목차의 내용을 확인한 뒤 거기에 맞춰서 쓴다. 계속 쓰다 보면 100일 후 틀림없이 책 한 권이 나온다는 생각을 잊지 않는다. 쓰다 보면 나만의 문체라는 것도 생긴다. 써봐야 생긴다.

100일이 아득히 멀게 느껴질 때가 있다. 그럼 이 한 꼭지가 다음날 제출해야 하는 리포트라 생각하고 쓴다. 대학 시절

리포트를 내본 사람은 기억날 것이다. 리포트는 아무리 잘 써도 제출 기한을 넘기면 0점이다.

나의 숨겨진 실력을 드러내 A+를 맞고야 말겠다고 마음먹고 시간을 질질 끌다 결국 못 내면 F다. A+가 아니면 남들 보기 부끄러우니 차라리 안 내겠다는 마음으로 임하면? 역시 F다. 적당히라도 기한 안에 써서 B라도 챙기겠다는 마음으로 써야 한다.

절대 혼신의 힘을 갈아 넣어 생의 역작을 남기는 기분으로 써서는 안 된다. 사실은 D 정도여도 괜찮다. 책이 리포트와 다른 점은 교수님(편집자)이 어디를 어떻게 고쳐야 할지 알려준 뒤 수정할 시간을 준다는 점이다.

마음의 부담을 덜어내는 요령 중 하나는 편집자의 존재를 떠올리는 것이다. 그들은 책을 만들어 돈을 버는 프로다. 수많은 책을 만지고 다듬는 사람이니 내가 개떡 같은 초고를 가져가도 찰떡같이 수정해주리라는 믿음을 가져야 한다.

물론 그런 편집자를 만나려면 출판사와 계약이 되어야 한다. 출판사와 계약이 될지 안 될지 자신이 없다면 서점에 가자. 정말 들어보지도 못한 수많은 출판사가 있다. 설마 그중에 내 책 내줄 곳 하나가 없겠냐고 호기롭게 생각해보자.

유명한 출판사라면 모르지만 작은 출판사에서는 완성된 초고만 있다면 굳이 안 내줄 이유가 없을 거라고 스스로를 다독였다. 친구들에게 각자의 동네 도서관에다가 희망도서 신청이라도 해달라고 하면 되지! 전국의 도서관 개수를 검색해보니 공공도서관만 800개이고 그 외 도서관까지 합하면 1만 5,000개가 넘는다고 나왔다. 그렇다. 자신이 없어 흔들릴 때마다 이런 것을 하나씩 검색해봤다.

그것도 안 될 것 같으면 요즘 유행하는 것처럼 PDF로 만들어 전자책을 내거나 독립출판을 해도 된다. 텀블벅에서 책을 사보니 그것도 괜찮은 것 같았다. 나는 시간 외에는 잃을 것이 없으니까.

어떻게 해도 도저히 안 써지는 날도 있다. 그럴 땐 그냥 다 덮고 밖으로 나갔다. 아이디어가 안 떠오르는데 계속 앉아 있다 보면 마음이 무거워지고 이런 것도 못 하는 나에게 자꾸 실망스러운 기분이 들었다. 차라리 커피를 사러 나가거나 샤워를 하는 등 아예 다른 일을 하면 번쩍하며 쓸거리가 머리를 스칠 때가 있다. 나는 특히 귀에 익숙한 음악 플레이리스트가 돌아갈 때 산책을 하면 어느 순간 막혔던 부분에 대한 아이디어가 떠오르는 일이 많았다. 이 자리를 빌어 보아의 「어메이징 키스」에 무한 감사를 보내는 바이다.

나갈 수 없다면 책을 읽거나 유튜브를 보았다. 관련된 내용을 찾다 보면 내 이야기도 떠오른다. 누군가 "음식에 관련된 일화를 말해보시오"라고 하면 딱히 떠오르지 않지만, 친구와 수다 떨다가 떡볶이 먹은 이야기 나오면 "아, 나 이런 일이 있었어!"라고 술술 나온다. 책이나 유튜브 등 외부 자극은 이야기를 끌어내는 실마리를 제공하기도 한다. 뉴턴의 사과처럼.

나도 매일 새벽에 일어나 창문을 열며 시원하게 기지개를 켜고, 향긋한 커피를 마시며 하루 두 시간씩 꾸준히 쓴다고 말하고 싶다. 하지만 아쉽게도 나는 그런 멋진 사람이 아니었다. 아들을 재운 후 피곤한 눈을 비비며 썼고, 재우다가 같이 잠이 들면 다시 일어나 썼다. 그러다가 '밤에 못 써도 하루 중

두 시간 정도는 다시 낼 수 있겠지, TV 안 보고 쓰면 되지, 점심시간에 빨리 먹고 쓰면 되지' 하는 생각이 들 때도 있었다.

그렇게 밤에 글이 안 써지면 다이어리를 펼쳐 오늘 써야 할 부분을 내일로 옮겨 적었다. 내일은 기존에 계획을 세우며 적어놓았던 내일의 목차가 이미 쓰여 있으니 오늘 할당량까지 넘어가면 내일 써야 할 분량이 두 배가 된다. 눈으로 확인되니 압박감에 결국 뭐라도 쓰게 됐다.

흔들릴 때 마음을 다잡는 방법은 사람마다 다를 것이다. 아마 더 근사한 방법도 많겠지만, 시험공부도 전날에 하고 무슨 일이든 최대한 미뤘다가 쫓기며 하는 버릇을 가진 나 같은 사람에게는 이런 방법도 있다는 것을 고백해본다. 여기서는 책을 내는 프로젝트에 관해 이야기했지만 이것은 어떤 프로젝트나 목표에도 적용할 수 있다. 정리하면 이렇다.

첫째, 일이 잘된다고 '오버'하지 말고 일이 안 된다고 게으름 피우지도 말고 평정심을 유지해야 한다. 다이어리에 하루 할당량을 정해놓고 그것 이상도 이하도 아닌 그것만 하루하루 해나가자.

둘째, 자신감이 떨어지고 불안해질 때마다 스스로 동기 부여할 방법을 찾아야 한다. 내가 계획한 일들을 차곡차곡해 나가고 있다면 일어나지 않은 일을 걱정하며 불안에 떨 필요는 없다.

물론 원하는 시기에 원하는 목표를 딱 맞춰 이루지 못할 수도 있다. 그러나 아예 시도하지 않았을 때보다는 목표에 훨씬 가까워졌을 것이다. 게다가 그 과정과 경험, 거기에서 얻은 깨달음은 남는다. "성공은 최종적인 것이 아니고 실패는 치명적인 것이 아니다. 중요한 것은 '지속하고자 하는 용기'다"라고 윈스턴 처칠은 말했다.

| 실전 | **배수진을 치기보다 플랜B를 세우자** |

연 목표를 월별, 일별로 쪼갤 때 들어가야 할 항목은 '할 일, 기간, 예산'이다. 나의 2017년 계획을 예로 들면 이렇다. 나의 2017년 목표는 '출간'이었다. 기념 삼아 책을 내보는 것이 아닌, 경단녀로서 사회복귀를 모색하던 중 나의 경쟁력이 무엇인지 파악하기 위해 출간에 도전해보자고 다짐했다.

출간의 주제는 2015년에 성공했던 '1년간 옷 안 사기'였는데 과거에 부족했던 부분을 보완하여 다시 시도하기로 결정했다. 이를 위해 해야 할 일, 들어야 할 수업 등을 적고 실행할 기간과 각각에 들어갈 비용을 쭉 적어보았다.

- 목표 : 출간(사회복귀 모색)
- plan A : '옷 안 사기' 관련 아이템 출간
  기간) 2017. 01 ~ 2017. 12
  총예산) 이미지 메이킹 등 관련 강의 수강료 75만 원 시작해보니 '옷 안 사기' 하나만 시도하기에는 출간에 실패할 리스크가 크다고 생각되었다. 첫 출간 도전이니 부족한 부분이 많아 안 될 수도 있기 때문이다. 그래서 출간을 위한 플랜B를 시도했다. 마침 부동산 투자에 관심 있는 동갑내기 친구들과 단톡방을 만들게 되었는데, 그 친구들과 함께 원고를 모아 부동산 관련 책을 써보기로 했다.

- 목표 : 출간 (사회복귀 모색)
- plan B : 『36세 내 집을 가져라』 공동 출간
  기간) 2017. 03 ~ 2017. 06
  총예산) 없음

3월에 멤버가 모두 모여 5월에 원고 작성을 하고, 6월에 수정 및 편집하는 걸 계획했다. 매주 정해진 분량만큼 원고를 쓰면 편집자인 한 멤버가 첨삭하는 방식으로 진행되었다. 하지만 다들 바쁜 관계로 5월에 원고 작성이 끝난 사람은 나 외에 한 명뿐이었다. 그 모습을 보니, 플랜B도 혹시나 안 될 수 있겠다는 생각이 들었다. 그러던 중 블로그 이웃이 모

임을 만든다는 글을 올렸다. 1년 뒤에 이야기를 모아 책으로 만들고 싶다는 문구를 보고 이것을 플랜C로 삼아야겠다고 생각했다. 바로 지원했다. 그리고 첫 번째 모임에 지금 이 책에 쓰고 있는 목표 관리 요령을 정리하여 발표했다.

> - 목표 : 출간(사회복귀 모색)
> - plan C : '1년 살기 모임' 관련 아이템 출간
>   기간) 2017. 06 ~ 2018. 05
>   총예산) 모임 참가비 35만 원

아쉽게도 플랜C 모임에서는 책을 만들지 못하고 흐지부지 흩어졌지만 한번 만들어놓은 발표 자료는 다른 기회를 가져왔다. 다른 모임에서 같은 주제로 발표를 한두 번 더 하게 되었고, 그 발표를 본 편집자가 마음에 들어 해 출간 계약으로 이어진 것이다. 그 결과물이 바로 지금 이 책이다.

재미있는 것은 그 해의 목표였던 plan A, B, C의 책이 모두 출간 계약 되

었다는 점이다. 출간이라는 딱 하나의 목표를 반드시 이루고 싶었고, 그걸 머릿속에 계속 담고 있었더니 새로운 일을 시도하게 되었고, 스쳐 지나갈 기회를 잡을 수 있었다.

어떤 사람은 목표를 확실하게 이루려면 이거 아니면 안 된다는 배수진을 치라고 말한다. 하지만 인생은 계획대로 되지 않는 일이 훨씬 많다. 자신의 의지나 노력이나 머리만 믿고 확률을 높이기 위한 노력을 하지 않는 것은 나태와 다름없다. 목표가 뚜렷하다면 그걸 이루기 위해 다양한 방법을 고민해봐야 한다.

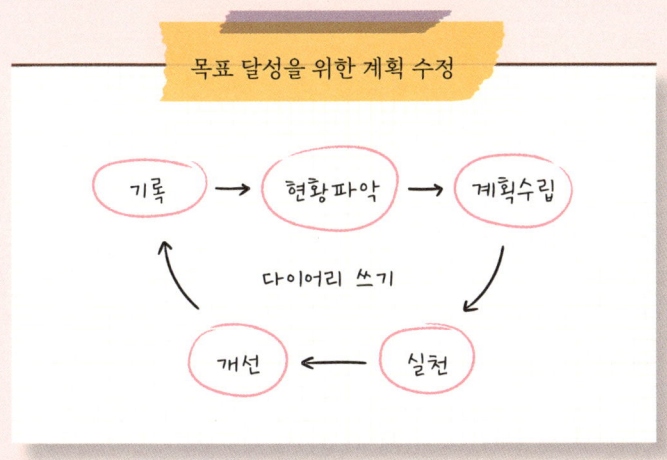

성과 :
결과가 아니라 태도가 인생을 바꾼다

　계획대로 진행하다 보니 어쩌다 plan A, B, C 모두 출간하는 결실을 거두게 되었다. 재미있는 것은 세 아이템이 공저로 출간하고, 투고를 통해 출간하고, 초고 없이 아이템과 목차만으로 계약을 한 후 출간하는 등 각각 다른 경험을 했다는 점이다. 베스트셀러에도 올라 보고, 몇 년 전 낸 책의 인세가 아직도 들어오는 신기한 경험을 하며 또 다른 취미인 연극이나 뮤지컬을 관람할 때 필요한 티켓 값을 인세로 모두 충당하고 있다.

　책을 낸 후 자주 받는 질문이 있다. '출간 후 인생에서 달라진 점이 무엇이냐'는 것이다. 대작가라면 달라진 점이 독자들 눈에도 보이지만, 평범한 주부가 책을 낸 과정과 결과는 눈에 보이지 않아서 그런지 궁금해하는 사람이 꽤 있었다.

알고 보니 예상보다 많은 사람이 책을 내고 강의를 하고 싶어 했다. 책을 내면 인생이 달라진다며 비싼 비용을 받는 글쓰기 강좌도 있었다. 회사원은 노예이며 '생산자'나 디지털 노마드의 삶이 진정한 인생이라는 이야기가 유행처럼 번진 덕분인가 싶기도 하다. 회사 밖에서 살아남으려면 나 자체가 브랜드가 되어야 하는데 책을 낸다는 것은 브랜드 구축에 도움이 되는 듯이 보인다. 노트북만 있으면 해변이든 어디에서든 일할 수 있다는 SNS 이미지도 환상에 한몫하는 것 같다.

문제는 나에게 그런 꿈을 털어놓았던 사람들 대부분이 '하고 싶은 말', '전하고 싶은 메시지'는 불분명한 채 그저 저기 저 사람 같은 유명한 저자나 강사가 되고 싶어 하더라는 것이다.

그러다 보니 생산자로 만들어준다는 이 강의, 저 강의를 들으러 다니며 수강료를 쓴다. 시키는 대로 1년에 독서 100권, 매일 블로그 글쓰기, 감사일기 쓰기, 가계부 정산, 새벽 기상을 하기 시작한다. 블로그에는 '오롯이 나를 돌아보는 시간이었다♡'라고 후기를 올리며 남들과 다른 길을 가기 시작했다는 기분을 느낀다. 하지만 시간이 흘러도 눈에 보이는 성과는 나타나지 않는다.

초조해하며 다른 강의를 등록한다. 많은 강의를 듣다 보니 인맥이 넓어진다. '같이의 가치', '연결의 힘'을 믿어보며 유명인(?)들과 사진을 찍어 존경한다는 말과 함께 SNS에 올린다.

시간이 지나면 같이 수업 듣던 동료들이 하나둘 작가나 강사로 데뷔 하는 모습을 보며 더욱 초조해진다. 이렇게 몇 개월 보내다 보면 슬럼프에 빠진다. 저 사람들이 저렇게 빛날 동안 나는 뭐 했나, 이 길은 나랑 안 맞는 거 같아.

이런 코스를 거치는 사람들을 정말 많이 봤다. 여기에 대해 두 가지를 말씀드리고 싶다.

첫 번째는 하고 싶은 말, 내가 아니면 할 수 없는 말, 그 중 상대방에게도 도움이 될 만한 메시지를 딱 하나만 정해보라는 것이다. 이걸 블로그에 쓰면 블로거, 동영상으로 찍으면 유튜버, 원고를 쓰면 저자, 강의를 하면 강사가 된다. 이것만

정하면 80%는 끝난 것이다. 나머지 20%는 실천이다.

요즘은 책을 내고자 하면 어떻게든 한 권은 낼 수 있는 세상이다. 자비출판이든 독립출판이든 의지만 있으면 가능하다. 그런데 책 한 권 내놓고 글은 더 이상 쓰지 않으면서 유튜브만 찍거나 강의만 하면서도 자신을 꼭 '작가'라고 소개하는 사람들이 있다. 그러니 롤모델을 정할 때는 허울을 잘 걷어내고 면밀히 관찰하여 내가 가고자 하는 방향과 맞나 잘 살펴야 한다.

더 중요한 것은, 그전에 꼭 내가 책을 출간함으로써 가고자 하는 방향이 무엇인지 확실히 정해야 한다는 것이다. 안 그러면 이 사람 저 사람 둘러보며 우왕좌왕하다가 좌절감만 느끼고 제풀에 꺾이기 쉽다.

두 번째는 굳이 책을 내지 않아도 된다는 것이다. '생산자'의 삶만이 진정한 삶인 것은 아니고, 회사를 다니고 아이를 키우는 일상 역시 절대 노예의 삶이 아니다.

돈은 내가 제공하는 '어떤 것'이 사회에 얼마만큼의 가치를 주는지 측정해 주는 도구다. 그렇다면 나의 책은 얼마만큼의 가치가 있을까? 책의 인세는 책값의 5~10%다. 1만5,000원 짜리 책이 한 권 팔린다면 저자는 750~1,500원을 가져간다. 1만5,000원짜리 책이 5,000권 팔린다고 가정했을 때 인세가 5%라면 375만 원, 10%라면 750만 원이다. 한두 달 월급 정도다.

자, 이제 자신의 SNS 팔로워 숫자를 보자. 이 중에 몇 명이 나를 기꺼이 응원해줄 것인가? 나의 책을 사줄 것인가? 아마도 사람들이 기꺼이 지불하는 내 글의 가치는 연 500만 원도 되기 어렵다.

그렇다면 나의 현재 직장은 어떤가? 대학을 나와 관련 업무를 하며 받는 n천만 원의 연봉은 사회에서 '너의 그 기술과 시간을 일 년에 n천만 원에 사고 싶다'라고 인정받는 것과 같다. 그런 일을 지금 하고 있다면 그것을 폄하할 이유는 전혀 없다.

그럼에도 불구하고
시작하면 달라지는

처음으로 돌아가서, 출간 후 달라진 점은 무엇이냐는 질문에 나는 항상 이렇게 답한다. 달라진 것은 없다고. 책을 쓰는 일은 어차피 나의 주 업무가 아니고, 출판은 새로운 일을 시도해보는 것 중 하나일 뿐이라고.

물론 나는 주변에 책을 한 권씩 내보길 권하고 있다. 새로운 가능성을 가져다주기 때문이다. 인생을 바꾸는 것은 어떤 결과물이 아니라 과정에서 보이는 삶의 태도가 아닌가 하는 생각을 해본다. 책 쓰기는 그 태도를 보여주는 하나의 지표일 뿐이다. 내가 진행하는 다른 1년 단위 프로젝트들처럼 말이다.

30대 초반, 육아휴직 후 퇴사했을 때 이제 나만의 커리어는 끝났구나 하고 생각했다. 남편 돈으로 아이 키우며 알뜰살뜰 살면서 재테크를 하는 게 최선인 줄 알았다. 그런데 막상 지내보니 회사 외에도 다양한 기회가 많았다. 게다가 특별한 사람만 하는 줄 알았던 작가와 강사가 생각보다 나와 다를 바 없는 사람이라는 사실도 알게 되었다. 이런 것들을 미리 알았다면 퇴사 후 불투명한 미래를 그렇게 두려워하지 않았을 텐데.

사실 목표를 설정하고, 계획을 세우고, 다이어리를 쓰고,

이것저것 도전했다고 해서 내 삶이 드라마틱하게 바뀐 것은 아니다. 내 이름을 아는 사람이 몇 명 늘었고 예전보다 노후에 대한 걱정이 줄긴 했지만, 여전히 나는 어린 아들과 실랑이를 벌이고 가계부를 쓰며 생활비를 걱정하고, 친구들과 다이어트 정보를 나누는 평범한 여성이다. 손쉽게 '한 방'의 결과를 얻기를 바란다면 나의 방식은 별로 도움이 안 될지도 모른다. 그러나 삶을 대하는 태도를 바꾸고 싶다면, 흔들리지 않고 묵묵히 내 삶을 살고 싶다면 목표를 세우고 다이어리를 쓰면서 계획대로 살아가는 것이 분명 도움이 된다.

태도란 하루아침에 바뀌는 것이 아니다. 매일 스스로를 다듬는 과정에서 천천히 바뀐다. 그렇게 태도가 바뀌면 행동이 바뀌고, 그 행동이 쌓이면 인생도 어느새 변하리라는 것을 믿는다.

내 삶이란 이게 다일까? 다른 가능성은 없는지 궁금하지 않은가? 내가 깔고 앉아 있는지도 모르는, 내 삶의 가능성을 찾는 과정. 그것이 바로 내가 오늘도 다이어리를 쓰는 이유다. 소소하지만 확실한 변화의 즐거움을 겪어보면 결코 전과 같은 삶을 살 수 없다.

(실 전) **출판사에 투고하려면**

일반적인 출간의 방법은 원고와 출간기획안을 출판사에 보내서 계약을 따내는 것이라고 한다. 초고가 완성됐다면 출판사에 이런 원고가 있으니 계약 의사를 알려달라는 메일을 보내야 한다. 이걸 투고라고 하는데, 앞서 만든 출간계획서와 원고 중 일부를 출판사에 발송한다.

어떤 책이든 가장 뒷장에는 출판사의 이메일 또는 홈페이지 주소가 적혀 있다. 서점에 가서 내가 내고 싶은 분야의 책을 찾아 뒷장에 적힌 출판사 주소를 많이 적어 오는 것이 좋다. 규모가 있는 출판사는 홈페이지에 '원고투고' 메뉴가 있어 자체 양식으로 접수를 받기도 한다. 원고는 원고 파일을 통째로 보내도 되지만 일부를 보내도 무방하며, 대체로 PDF보다는 한글 또는 워드 파일을 '읽기 전용' 파일로 변환해서 보낸다.

출판사에 메일을 보내는 일은 취업을 위한 이력서 넣기와 똑같다. 처음에는 들어가고 싶은 회사에만 넣겠지만 얼마 지나지 않아 '붙어도 여기에 가야 하나' 싶은 곳까지 다 넣어야 함을 깨닫게 된다.

추천하고 싶은 방법은 출판사 서포터즈 활동이다. 지인은 서포터즈 활동을 하며 안면을 튼 편집자에게 컨셉과 목차를 검토 받아 수정 과정을 거친 뒤 좋은 결과를 얻었다. 출판사가 어떤 스타일의 원고를 선호하는지 파악할 수 있고, 좋은 기획이라면 먼저 출간을 제의받을 수도 있다.

내가 선택한 삶을
살아간다는 것

계획하는 일은 번거롭다. 게다가 그대로 진행되지 않을 확률도 높다. 세상에는 계획 없이 하루하루 때우면서 잘 사는 사람도 많다.

그런데도 계획을 세우고 정해진 시간을 쪼개서 살아가는 이유는 결국 '내가 살고 싶은 대로 선택하며 살고 있다'는 것을 스스로 확인하기 위함이다. 운이 좋아서 잘된 게 아니라, 날마다 조금씩 노력하면서 이뤄낸 것임을 증명하는 일이다.

「언플러그드 보이」, 「오디션」 등으로 한 시대를 풍미한 만화가 천계영 님의 작품 중에 「드레스 코드」라는 만화가 있다. 평범한 작가가 직접 패션에 대한 지식을 쌓고 다양한 스타일을 시도하는 모습을 생생하게 그린 작품이다. 준비를 시작하고 연재를 끝낸 시간은 6년.

"많은 시행착오를 거치며 내가 정말 원하는 모습을 찾아 나가는 여정의 끝은 처음 시작할 때 좋아하던 야상을 입은 모습 그대로였다. 옛날엔 내가 입고 있는 옷들이 어딘가 부끄럽고 초라해 보였지만 지금은 내 모습이 마음에 든다. 이건 내가 수많은 옷을 입어보고 결국에 내가 '선택'한 나니까." (「드레스 코드」 6권 중)

중요한 것은 외부환경과 조건이 아니다. 내가 이 인생을 선택했고 만들어간다는 자기확신이 있어야 만족을 느낄 수 있다.

나는 무엇이 나를 행복하게 하는지 알아보는 일에 여러 번 시행착오를 겪었다. 처음에는 적게 벌어도 제때 퇴근해 혼자만의 시간을 많이 갖고 싶다고 생각했다. 하지만 시간이 지나자 안정보다 성취에 목말랐고, 뭔가 이게 아니라는 느낌이 엄습했다. 무엇인가를 이뤄낸 사람들의 책을 읽으며 젊은 나이에 벌써 안주하지 말자는 결정을 내렸다. 하지만 그것은 당시에 하고 있던 업무를 통해서는 아니었다. 일에 보람을 느끼고 만족하는 직원이 많았지만 내 개인적인 성향과는 맞지 않는다고 생각했다.

멋진 커리어우먼이 되어 성취감을 느끼고 싶었던 나는 다른 회사로 이직했다. 매주, 매달 보고서를 만들고 밤까지 작업한 내용이 통과되면 동료들과 술 한잔하며 기쁨을 나눴다. 하지만 시간이 지날수록 내가 결정할 수 있는 일 없이 높은 분의 의사에 맞게 보고서를 고치는 일에 지쳐갔다. 무엇이 문제인가, 내가 일을 못하는 건가 회사가 이상한 건가 고민을 거듭했다.

얼마 후, 나는 결과나 수입이 아니라 스스로 계획하고 목표를 달성해가는 일에 만족을 느낀다는 결론을 내렸다. 내가 정한 목표를 내 스스로 달성해야 하니 남의 목표를 남의 의지대로 달성하는 직장인의 삶에 부족함을 느꼈던 것이다. 투자자나 프리랜서 쪽으로 마음을 정했고 가지 않은 길에 대한 미련은 버리기로 했다. 나와 다른 길에서 성공한 사람들은 부럽지만, 그 마음이 내 행복을 방해하지 않게 되었다.

　미래 모습을 적기 위해 고민하다 보면 사실은 내가 어떤 걸 좋아하는지, 어떤 인생을 만들고 싶어 하는지를 알게 된다. 인생의 목표는 그런 깨달음을 바탕으로 정해져야 한다. 그걸 몰랐던 나는 남들이 멋지다고 생각하는 인생이 나에게도 좋은 거라고 생각했고, 그것을 내 인생목표로 삼는 바람에 꽤 오랜 시행착오를 거친 것이다. 남이 아닌 나의 인생목표를 만들자. 그 목표는 무엇을 새로 시작해야 할지, 또 무엇을 버리거나 유지해야 할지 기준이 된다.

　목표를 정하고 이런저런 계획을 짜보면서 우리 인생을 우리 마음대로 디자인해보는 건 어떨까? 매일 원하는 대로, 좀 더 격렬하게 마음껏 살아보는 것이다. 한 번뿐인 인생 나 좋을대로 사는 게 오히려 행복할 확률이 높다. 오스카 와일드는 말했다. "너 자신이 되어라. 다른 사람은 이미 있으니까."

맺음말

10년 전의 나와
지금의 나

 TV 프로그램 「알쓸신잡」을 보다가 반가운 책이 나왔다. 자와할랄 네루의 『세계사 편력』이다. 아직도 우리 집 TV 바로 위에 자리 잡고 있는 책이다.

 이 책에는 특별한 추억이 있어서 지금까지 간직하고 있었다. 이 책들은 고등학교 입학 선물로 아빠가 사준 책이다. 아빠는 보통 책을 우리가 직접 고르게 하고, 고르면 두말하지 않고 사주었는데 이 두 권만은 아빠가 골라주었다. 고등학생이 되면 이런 책을 읽어야 한다더라면서. 아마 누군가에게 미리 조언을 들었던 것 같다.

아빠는 지방에서 초등학교만 졸업하고 서울로 올라와 갖은 고생을 했다고 한다. 남의 밑에서 일하다가 철근 중개업을 시작했는데 마침 그 시절 건축 붐을 타서 사업은 순항했다. 배움에 대한 아쉬움 때문인지, 본인은 책을 읽지 않지만 술만 드시면 딸들을 데리고 서점에 데리고 가 책을 고르게 했다. 책값이 비싸다고 엄마가 아무리 말려도 기분 좋은 아빠를 이길 순 없었다. 초등학생 때까지는 평범하고 화목한 가족이었다. 그러다 IMF 사태 전후로 아빠 회사는 몇 차례 부도가 났다. 그토록 많았던 인맥은 순식간에 사라지고 친척들은 등을 돌렸으며 가장 믿었던 사람이 가장 먼저 사무실 집기를 훔쳐 사라졌다.

하지만 부모님은 포기하지 않고 열심히 살았다. 아빠는 회사 대신 공사장에서 무거운 대리석을 나르는 일을 하셨다. 어린 내가 보기에도 많이 힘들어 보였다. 그래도 아빠는 굴하지 않았다. 어느 날은 남는 자투리 돌을 얻어왔다며 낮은 식탁을 만들어 다 같이 식사를 하기도 했다.

생각해보면 아빠는 40대에 모든 게 무너졌던 셈이다. 30대인 나로서는 지금 내가 구상하는 모든 미래가 무너졌을 때 어떻게 살 수 있을까 싶다. 다섯 가족이 모두 힘들었지만 엄마는 항상 말했다. 지금이 최악이라고. 너희들이 다 커서 자리 잡으면 더 나아질 일만 남았으니 10년만 버텨보자고.

아빠는 얼마 뒤 철근을 나르던 큰 트럭으로 트럭 운전을 시작했다. 다들 기피하는 장거리 운전이 돈이 된다며 일등으로 자원했다. 운전만 하는 게 아니라 짐을 싣고 내려주는 일명 '까대기'를 하면 돈을 더 준다며 밤낮없이 일했다.

어느 날 새벽에 까대기 일이 잡혔다며 엄마와 아빠가 나갈 준비를 했다. 동생들은 자고 있었지만 당시 방학이던 나는 괜히 도와주겠다며 따라나섰다. 서울의 한 시장 창고에 시장이 영업을 시작하기 전에 밀가루 포대를 옮겨놓는 일이었다. 커다란 트럭에 가득 쌓인 밀가루 포대를 아무도 없는 새벽에 우리 셋이서 나르기 시작했다.

그리고 그날 몸으로 알게 되었다. '까대기'가 뭔지. 아무리 날라도 끝이 없었다. 왜 엄마 아빠가 물과 수건을 넉넉히 준비했는지 알게 되었다. 땀이 하염없이 쏟아졌다. 나르고 쌓고 나르고 쌓고…. 밤새 밀가루 포대를 이고 지고 창고를 꽉 채우고서야 일이 끝났다. 부모님은 이런 일을 하고 계신 거였구나.

우리 가족은 서로 살가운 소리를 주고받는 분위기는 아니다. 매일 틱틱대면서 지냈고 그날도 집에 오는 길에 별거 아니라는 듯 물이나 벌컥벌컥 마시고 툭툭거리며 집에 들어왔다. 그렇지만 그날은 아직도 생생하다.

엄마 말대로 10년이 지나자 형편이 좀 나아졌다. 포기하지만 않으면 어떻게든 된다는 걸 알게 된 10년이었다. 매미는 땅속에서 수 년간 있다가 지상으로 올라와 며칠만 살다 사라진다. 누구는 그런 삶이 불쌍하다 말하지만, 겪어보니 땅속의 시간도 인생이다. 그 시간을 거치지 않는다면 지상으로 올라올 수 없다.

그런 생각이 든다. 자식 교육이라는 게 사실 별거 없다는 거. 집 구경하는 걸 참 좋아해서 남이 집을 구한다고 해도 따라가서 보던 엄마 덕에 나는 부동산 중개업소 문을 열고 들어가는 것에 거부감이 없었다. 신용 문제로 아빠 대신 내 이름으로 대출을 받았던 경험 덕분에 나는 제2금융권이라는 것과 같은 은행이라도 지점마다 허가 기준과 이율이 다를 수 있다는 걸 알게 되었다. 이런 경험이 강점이 될 수 있다는 걸 30대가 돼서야 알았다.

게다가 돈보다 더 중요한 것을 아이에게 물려줄 수 있다는 걸 부모님을 통해 깨달았다. 믿어주는 마음과 가치관, 경험이다.

요즘은 '부자로 태어나지 못한 건 자기 잘못이 아니지만 부자로 죽지 못한 건 자기 잘못이다'라는 말을 하는 사람이 많다. 아직도 부자가 되지 못한 자신의 무력함을 자조하는 것이겠지만, 은연중에 부자가 아닌 채 늙어가는 부모의 무능함을 원망하는 것도 같다.

하지만 돈과 성공, 행복은 동의어가 아니다. 나는 가난했던 부모님이 실패한 인생이라 여긴 적이 없다. 돈에는 많은 변수가 있다. 돈을 많이 벌고 못 벌고의 문제는 예상보다 내가 개입할 수 있는 부분이 적다. 타고난 환경, 운, 타이밍 등이 모두 잘 맞아야 한다.

요즘은 물질적 성과만을 보고 누군가의 인생을 평가하는 경향이 강해졌다. 저 사람은 이래서 부자가 된 거라며 사소한 것도 추앙하고, 저 사람은 이래서 가난한 거라며 모든 것을 폄하한다. 그렇다면 재산의 크기와 상관없이 자식이 존경하는 부모는 성공인가 실패인가, 부자인가 빈자인가.

무엇이 성공이고 무엇이 행복인가. 그 기준은 스스로 정할 수밖에 없다. 내가 이 책을 통해 말하고 싶은 것은 결국 그것이다. 남들의 기준이 아닌 내 기준에 따라 스스로 정한 목표, 스스로 세운 계획을 스스로의 힘으로 달성해가는 것. 그것이 성공이자 행복을 위한 방법이라고 나는 믿는다.

편집자의 말

에디터 록산 (책임편집자·도서출판 잇콘 대표)

　　이 책의 시작은 3년쯤 전, 어느 작은 스터디룸의 강의 시간으로 거슬러 올라갑니다. 30대 여성들이 서로의 경험과 이야기를 나누는 소모임에 초대를 받았는데 그날의 강사가 임다혜 작가였습니다. 주제는 '다이어리로 목표 달성하기'. 강의라기보다는 편안한 분위기에서 진솔한 경험을 나누는 자리였지만, 내용만큼은 '신선한 충격' 딱 그런 느낌이었지요.

　　당시 저는 오랜 월급쟁이 생활을 청산하고 출판사를 차린 지 1년쯤 된 상태였습니다. 잠도 안 자고 부지런히 책을 만들어서 몇 권은 베스트셀러도 됐는데, 이상하게도 한 달 한 달

버티기가 빡빡했지요. 자영업이 원래 그런가 보다 했는데 그날 강의를 듣고 비로소 깨달았습니다. 나는 눈앞에 닥친 것만 열심히 했지, 목표를 세우고 관리해본 적이 없구나! 물론 '어려운 책이 아닌 보통 사람들 눈높이에 맞는 실용적인 책을 만들자'라는 생각은 있었지요. 하지만 그것은 추구하고 싶은 가치였을지는 몰라도 구체적 목표는 아니었던 것입니다.

집에 돌아오자마자 흰 종이를 펼치고, 배운 내용을 토대로 우리 출판사의 목표를 재설정하기로 했습니다. 금방 될 줄 알았는데 그날 이후 며칠을 끙끙댔습니다. 목표를 구체적으로 정하고 계획한다는 게 생각보다 쉬운 일이 아니더군요. 부끄러운 이야기지만 15년 후 우리 출판사가 어떻게 되어 있을지 생각해 본 적도, 그러기 위해서는 책을 몇 권 내고 판매해야 하는지 계산해 본 적도 없었습니다. 그러니 매달 쪼들릴 수밖에요.

마음을 다잡고 배운 내용을 하나씩 적용해보기로 합니다. 먼저 15년 후의 목표. 어느 정도 안정된 출판사로 자리 잡으려면 연매출 ○○억 원 정도는 달성해야 할 것 같네요. 이 목표를 5년 단위로 쪼개면 연매출 △△억 원, 그리고 다시 1년 단위로 쪼개면 연매출 □□억 원.

두 번째 충격과 함께 등골이 서늘해집니다. 당장 내년에 이 만큼이나 벌어야 한다고? 애초부터 목표를 너무 높게 잡았나? 그렇진 않은데…. 놀란 마음을 추스르고, 현실을 받아들이고, 되든 안 되든 방법을 한 번 찾아보기로 했습니다.

먼저 지난 1년치의 거래명세서와 세금계산서를 뒤져서 원가를 파악합니다. 종잇값, 인쇄비, 인건비, 광고홍보비 등등 원가의 대략적인 평균을 구하느라 또 며칠이 걸립니다. 그래도 어쨌든 한 권당 대략적인 순이익률을 계산해냈고, 앞서 적어본 목표에 적용합니다. 결과적으로 '1년에 ○○○○부만 팔자, 그러기 위해서 하루에 ○○부씩만 팔자'라는 식으로 목표를 단순화하는 데에 성공했습니다. 이미 목표를 달성한 것처럼 뿌듯했고 '까짓 거, 해보지 뭐'라고 결심하게 됐죠.

그 다음부터는 한결 수월했습니다. 오늘은 몇 부가 팔렸는지만 파악하면 되니까요. 덜 팔렸다면 마케팅비를 추가로 집행합니다. 만약 100만 원짜리 마케팅을 진행하면 몇 권 팔아야 본전이 되는지도 대충 계산할 수 있습니다. 그렇게 한 달이 지나면 그 달 목표를 달성했는지 확인하고, 부족한 부분은 다음 달에 보완하고, 1년이 되면 또 확인하고, 또 내년에 보완합니다. 그렇게 3년째, 과연 가능할까 싶었던 목표를 아직까지는 무난하게 달성하고 있습니다.

기존에 만들었던 한 권 한 권이 모두 소중하지만, 이런 이유 때문에 이 책『딱 1년만 계획적으로 살아보기』를 출간하는 기분은 남다를 수밖에 없습니다. 이 책만 따라 하면 인생이 바뀐다는 식의 낯간지러운 말씀은 솔직히 못 드리겠네요. 다만 편집자이기 이전에 실제 이 방식으로 3년간 목표달성에 성공해온 임다혜 작가님의 팬으로서, 좋은 내용을 널리 알려야겠다는 마음은 매우 큽니다.

오랜 시간 집필과 퇴고를 거쳐 이제야 출간되었지만, 사실 이 책의 내용은 이미 2년 동안 독자들의 검증을 받아왔습니다. 이 책에 담긴 임다혜 작가의 목표관리 노하우를 바탕으로 2년 전『잇-다(잇콘다이어리)』가 먼저 만들어졌기 때문이죠. 수많은 사용후기에서 확인할 수 있듯이 미래의 막연한 꿈을 숫자로 구체화하고, 그것을 쪼개고, 기록하고, 스스로 피드백하는 방식은 많은 분들의 호평을 받고 있습니다.

2차 세계대전 당시 나치수용소에서 기적적으로 살아남은 정신과 의사 빅터 프랭클의 이야기를 들어보신 적 있으실 겁니다. 그는 수용소에서 '곧 해방될 수 있을 거야'라는 막연한 희망을 품은 사람들이 오히려 일찍 죽고, 냉정하게 현실을 받아들인 채 하루하루에 충실한 사람들이 더 오래 살아남더라는 경험을 바탕으로 '로고테라피'라는 이론을 창시합니다.

희망은 좋은 것이지만, 품고 있는 것만으로는 아무 도움도 되지 못합니다. 희망을 현실로 만드는 것은 오직 계획과 실천뿐. 그러니 딱 한 번만이라도 목표와 계획을 정리해 보시고, 딱 1년만 그것을 실천해 보시기 바랍니다. 그때는 제가 왜 이런 이야기를 했는지 충분히 이해하시게 될 것입니다.